ロールプレイングを導入した 新しい家庭科授業

知識構成型ジグソー法の教材開発

JN073736

対話的で深い学びをつくる家庭科研究会

編著

本書に掲載しているワークシートや資料などの
授業用データをダウンロードできます。

K 教育図書

はじめに

　2017 年改訂（小・中学校）、2018 年改訂（高校）の学習指導要領では、これからの新しい時代を生きる子どもの未来を見据え、変化の激しい社会を生きるために問題発見・解決能力の育成が重視されている。そのため、学びの過程が見直されて「主体的・対話的で深い学び」の実現を目指した授業改善の取り組みを活性化していくことが求められた。家庭科は、よりよく生きるために生活に必要な知識と技能を習得するために様々な活動を取り入れて「主体的な学び」を特徴としているが、「対話的な学び」「深い学び」については課題があると考えられた。

　そのため、2017 年 9 月に日本家庭科教育学会関東地区会（当時の関東地区会長：野中美津枝）では、課題研究テーマ【家庭科における「主体的・対話的で深い学び」の実現に向けた授業改善】を掲げて、会員に課題研究メンバーの募集をした。本書の「対話的で深い学びをつくる家庭科研究会」は、その課題研究の募集で集まって 2017 年 10 月にスタートした研究グループである。研究会メンバーは、高校家庭科教員、大学教員（高校教員の経験を持ち家庭科教育を担当）で、授業改善のための教材開発や授業研究をするには最適のメンバーが揃った。そこで、アクティブ・ラーニングの視点において課題が多いとされる高校生の授業を対象に教材開発をすることにした。市民性を養う高校家庭科の授業で社会や生活における問題を取り上げ、ロールプレイングを導入して家族などの役割になり知識構成型ジグソー法で問題解決することは、当事者として主体的に対話する場面が設定され、メンバーが得た知識を相互に働かせて協調的に問題解決することで「対話的で深い学び」になると考えた。そして、高校家庭科における「主体的・対話的で深い学び」の実現に向けた授業改善のために、「ロールプレイングを導入した知識構成型ジグソー法」の家庭科の授業を開発し、問題シナリオ、エキスパート資料を作成して、授業実践、授業改善を繰り返した。

　2018 年 7 月に茨城大学で開催された日本家庭科教育学会第 61 回大会のラウンドテーブルにおいて、大学教員、小・中・高校教員等を対象に「ロールプレイングを導入した知識構成型ジグソー法」の授業として開発した「リスク管理の問題解決」（本書掲載第 II 部事例 1）の模擬授業を実践した。模擬授業実践後の全体会で、参加者から模擬授業について、「楽しかった。のめり込んでしまった。」「エキスパート資料で気づくことが多かった。」「初め、課題だらけで暗い気持ちが、エキスパート資料で自信になり、ジグソー活動で晴れやかに問題解決できた。」などの感想が述べられ、開発授業の社会への発信が期待された。

　その後、著書発行を目指して、これからの社会を生きる子どもたちに必要な題材を取り上げて教材開発を重ね、授業実践、授業改善を繰り返した。途中、2020 年の新型コロナで学校の一斉休校や緊急事態宣言が出され、授業実践や研究会が思うように開催できなくなり教材の完成が危ぶまれたが、多くの皆様のご協力をいただき、ここに本書を発行できることに感謝したい。

　本書では、I 部に「ロールプレイングを導入した知識構成型ジグソー法」の理論、II 部では研究会で開発した「ロールプレイングを導入した知識構成型ジグソー法」の教材と授業実践例、第 III 部では研究会メンバーが開発に係わって中学校・高校で実践された教材を掲載している。掲載した教材の授業資料については、教育図書の HP からダウンロードが可能である。多くの先生方に活用していただき、家庭科における「主体的・対話的で深い学び」の実現に向けた授業改善の活性化につながれば幸いである。

2021 年 2 月

対話的で深い学びをつくる家庭科研究会　代表

野中　美津枝

目次

第Ⅰ部

ロールプレイングを導入した
知識構成型ジグソー法の教材開発

1. 対話的で深い学びをつくる家庭科授業の必要性

　2016年12月に公表された学習指導要領改訂の基本的な方向性や考え方を示す中央教育審議会の答申では、これからの新しい時代を生きる子どもの未来を見据え、予測が困難な複雑で変化の激しい社会を生きるために、問題発見・解決能力の育成が重視された。そのため、2017年告示（小中学校）、2018年告示（高校）の学習指導要領では学びの過程が見直されて、「主体的・対話的で深い学び」の実現を目指したアクティブ・ラーニングの視点から授業改善の取り組みを活性化していくことが求められている。これまでの家庭科授業では、子どもたちが自立してよりよく生きるための知識と技能を習得するために「主体的な学び」から実践力の育成へつなげることに主眼が置かれ、「対話的な学び」「深い学び」の視点は十分ではなかったと考えられる。これからの家庭科の授業づくりでは、21世紀の社会に求められている協調的に問題発見・問題解決する能力の育成ができるような「対話的で深い学び」の視点で家庭科の授業改善を検討していく必要がある。

2. 21世紀に求められる協調的問題解決

　21世紀の子どもたちが社会に生きていくために、必要な力を特定する議論が国内外で行われてきた。OECDが提示した「キー・コンピテンシー」（ライチェン・サルガニク、2006）[1]、ATC21Sプロジェクトが提示した「21紀型スキル」（グリフィン他、2014）[2]、国立教育政策研究所（2013）が示した「21世紀型能力」[3] など、いずれも未来を創るために市民性が重視され、協調性と問題解決能力の重要性が挙げられている。下記は、21世型スキルで挙げられている4領域10スキルである。

○21世紀型スキル（4領域10スキル）
思考の方法
　(1)創造力とイノベーション、(2)批判的思考、問題解決、意思決定、(3)学びの学習、メタ認知
働く方法
　(4)コミュニケーション、(5)コラボレーション（チームワーク）
働くためのツール
　(6)情報リテラシー、(7) ICTリテラシー
世界の中で生きる
　(8)地域とグローバルでのよい市民であること（シチズンシップ）
　(9)人生とキャリア発達
　(10)個人の責任と社会的責任（異文化理解と異文化適応能力を含む）

<21世紀型スキルの学びと評価プロジェクト（ATC21S)[4]より>

　また、「21紀型スキル」（グリフィン他、2014）では、「協調的問題解決」について、①グループ内のほかの人の考えを理解できる力、②メンバーの1人として、建設的な方法でメンバーの知識・経験・技能を豊かにすることに貢献するように参加できる力、③貢献の必要性やどのように貢献すればよいかを認識できる力、④問題解決のために問題の構造や解決の手続きを見いだす力、⑤協調的なグループのメンバーとして、新しい知識や理解を積み上げ、つくり出す力、以上5つの要素からなるものとして概念化されている。そして、これらの力を育成するために、世界各国で協調的問題解決の問題シナリオを開発し実証実験が進められた。

　日本においては、東京大学の大学発教育支援コンソーシアム推進機構 (CoREF) が協調的な学びを教室に取り入れる1つの型として「知識構成型ジグソー法」を開発している。21世紀型スキルを育成するためには学習環境が重要で、チームで解くべき問題を共有し、メンバーがそれぞれわかっていることを整理し、問題解決のために貢献するといった建設的相互作用と知識構成型ジグソー法が効果的としている（三宅・益川、2014）[5]。

3. 生活や社会の課題解決能力を育成する家庭科

　21世紀に必要な力として、市民性、問題解決能力が重視されているが、これは、まさに家庭科がこれまで目標として育成してきた生活課題解決能力に他ならない。2018年告示高等学校学習指導要領では、家庭科によりよい社会の構築に向けて、少子高齢化、家族や地域福祉、食育、持続可能な消費など様々な生活や社会の問題に対応するための課題解決能力の育成が期待されている。

　中間（2004）は、解決すべき生活問題のレベルについて、レベル1「個人の生活問題」、レベル2「家族や地域社会の人々との生活問題」、レベル3「社会システムにおける生活問題」の3段階で示している[6]。表1は、その解決すべき生活問題のレベルでの家庭科で扱う内容について、小・中・高校の学習指導要領における家庭科の目標と扱われている内容から発達段階による違いを一覧に示している。

表1　解決すべき生活問題のレベルと家庭科で扱う内容

レベル	生活問題	実践・行為	家庭科で扱う内容	発達段階からみた学習指導要領における小・中・高校の家庭科の目標と扱われている内容（内容項目）
1	個人の生活問題	手段的実践・技術的行為	生活を自立して営むための衣食住、消費生活などの知識・技術、生活設計	小：日常生活に必要な基礎的な知識・技能 　　（日常の食事と調理の基礎） 　　（快適な衣服と住まい）（物や金銭の使い方と買い物） 中：生活の自立に必要な基礎的な知識・技能 　　（食生活の自立）（衣生活・住生活の自立）（家庭生活と消費） 高：人間の生涯にわたる生活に必要な知識・技能 　　（生活の科学） 　　（生涯を見通した経済の計画）（生涯の生活設計）
2	家族や地域社会の人々の生活問題	相互作用的実践・コミュニケーション的行為	家族、地域コミュニティ、保育、高齢者、障害者	小：家族の一員として生活をよりよくしようと工夫する 　　（家庭生活と仕事）（家族や近隣の人々とのかかわり） 中：家族・家庭の機能について理解、 　　よりよい生活の実現に向けて、生活を工夫し創造しようとする 　　（家庭と家族関係）（幼児の生活と家族） 高：家族・家庭と社会とのかかわりについて理解、 　　よりよい社会の構築に向けて、男女が協力して主体的に家庭や地域の生活を創造する 　　（家族・家庭と社会）（リスク管理）（子どもの発達と保育） 　　（高齢者の生活と福祉）
3	社会システムにおける生活問題	内省的実践・解放的行為	環境問題、消費者問題、福祉問題、労働問題、少子高齢化、シチズンシップ	小・中：（環境に配慮した生活の工夫） 高：（持続可能な社会を目指したライフスタイルの確立） 中・高：（消費者の権利と責任） 高：よりよい社会の構築に向けて、地域社会に参画しようとする 　　（男女共同参画社会）（共生社会と福祉）

出典：野中美津枝（2019）、生活課題解決能力を育成する授業デザインの実証的研究、福村出版、p28を一部改変[7]

4.「ロールプレイングを導入した知識構成型ジグソー法」

　家庭科で目指す課題解決能力を育成して市民性を養うためには、問題を生活に結び付けて当事者として協調的に問題解決をする学習活動が必要である。当事者になる参加型学習としてロールプレイングがある。ロールプレイングは、学習内容に応じた場面設定をし、学習者が役割を分担して演技することにより、様々な立場の人の意見や考えを理解し、多様な視点を育てることができる（廣瀬他、2000）[8]。家庭科の授業で扱う社会や生活における問題を取り上げて、ロールプレイングを導入して家族などの役割になって知識構成型ジグソー法で問題解決することは、当事者として主体的に対話する場面が設定され、メンバーが得た知識を建設的に相互に働かせて問題解決して最後に個人で解決策を省察することにより、「主体的・対話的で深い学び」になると考えた。

　表2は、「ロールプレイングを導入した知識構成型ジグソー法」の授業設計モデルである。1班4人で家族などの役割を分担し、ロールプレイングで演じることで当事者になって問題解決について話し合い、次のエキスパート活動では、同じ役割で集まってその立場での解決策につながる情報についてのエキスパート資料を自分たちで読み解き、知識を得る。エキスパート資料には、情報だけでなく問い（Q1Q2）を設けることで、生徒が情報から何を考えたらよいのか悩まずに自分たちで進められるようにした。そして、ジグソー活動では、元の班に戻ってエキスパート活動で得た情報を発表し合い、それらを活かして最終的な問題解決策を決定する。そして、クロストークで、各班の解決策を全体に発表し、最後に、個人で解決策を振り返る。

5. 授業研究 —アクティビティを中心にしたアクション・リサーチ—

　対話的で深い学びをつくる家庭科研究会では、「ロールプレイングを導入した知識構成型ジグソー法」の授業設計モデルを活用した家庭科授業の教材を開発するために授業研究に取り組んだ。

　吉崎（2012）は、授業研究ではシステムズ・アプローチやアクション・リサーチなどの方法を取りながら、授業を多様な構成要素からなる一つのシステムとみなして、PDCAサイクルを通して授業改善を行うことが必要であるとしている[9]。「主体的・対話的で深い学び」（アクティブ・ラーニング）にするためには、導入するアクティビティ（学習活動）が鍵となり、授業改善では、図1に示すようなアクティビティを中心にしたアクション・リサーチが効果的である[10]。

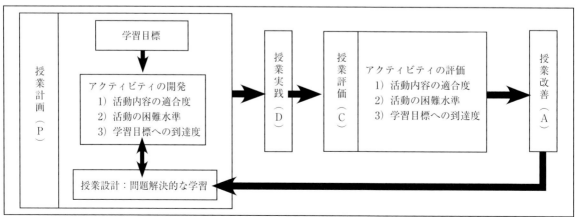

図1　アクティビティを中心に捉えたアクション・リサーチ

表2「ロールプレイングを導入した知識構成型ジグソー法」の授業設計モデル

○役割班の例：（家族）の問題解決

役割分担 →ロールプレイ →当事者になって、思いや問題を書く →家族で思いを言い合う。	1班4人 家族の状況 問題の把握	役割A	役割B	役割C	役割D

解決すべき生活問題は何か？ →家族で、問題解決策を考える	班で家族の問題をみつける 解決策の検討	班の家族で問題の解決策を話し合う			

（移動）…同じ役割で集まる*

エキスパート活動 （同じ役割が集まって、その立場での解決策の情報を得る） →考えることを2つ具体的に示す ※Q1、Q2 作業や記入する枠を設ける。	問題解決につながる情報の選択肢を用意。一緒に作業ができるような内容。 →ジグソーで持ち帰ってどれが良いか家族に説明して決められるような……	役割A	役割B	役割C	役割D
		情報 Q1	情報 Q1	情報 Q1	情報 Q1
		情報 Q2	情報 Q2	情報 Q2	情報 Q2

（移動）…元の班に戻る

ジグソー活動 （元の家族に戻って、建設的に持ち寄った知識を活かして問題解決策を考える）	班で家族の問題解決	得た知識・情報を発表し合う →エキスパートで持ち寄った問題解決の選択肢をどうするか。 →建設的相互作用で、家族の問題解決策を考える 　問題解決の優先順位 →なぜ、そうするのか、理由も考える

クロストーク （解決策をクラスで発表する。）	全体で発表	班の家族の問題解決策を発表する →なぜ、その問題解決策にしたのか、根拠を説明する

個人で振り返り （個人で解決策を評価する）	個人で問いに向き合う	個人で、決定した問題解決策でよかったのか、解決策を評価する。 →実際の生活で、問題が起きたときの解決策や対応を考える。

*エキスパート活動への移動…クラスの人数に応じて、同じ役割を2グループに分ける。
例：1クラス40人… 4人×10班 → 同じ役割で移動 → （同じ役割5人×2グループ）×4役割

そのため、教材開発における授業研究の授業計画（P）では、①活動内容の適合度（学習活動の内容が意図される学習目標の内容に適合しているか）、②活動の困難水準（学習活動の困難水準が学習者にとって適切か）、③学習目標への到達度（学習活動を通して意図される学習目標の水準に達するか）、以上３つの視点でアクティビティを開発して問題解決的な学習になるように授業設計し、授業実践（D）後の授業評価（C）では、導入したアクティビティを同じくこれらの視点で評価して問題点をみつけて授業改善（A）を繰り返してよりよい教材の完成を目指した。

6. 高校生調査からみる授業の題材の検討

　生活課題解決能力を育成する家庭科授業の教材を開発するためには、題材の選定が課題である。表１に家庭科で扱う生活問題を示したが、どんな生活問題を扱い、どのレベルを目指すのか、また、学習者の実態に適した題材設定が必要である。そのため、対話的で深い学びをつくる家庭科研究会では、まず、学習者の実態調査をすることにした。高校家庭科で扱う生活に関する問題意識を把握するため、2018年２月～３月に当時メンバーが勤務していた高校４校の高校生に質問紙調査を実施し、822名の高校生から回答が得られた。

　図２は、高校生の自分や家族に関する意識を示している。「そう思う」「どちらかとそう思う」を合わせても、「自分には自慢できるところがある」は44.5％で、高校生の自己肯定感が低いことが推察できる。また、将来に対する意識は、「結婚したい」75.6％、「子どもがほしい」72.8％で、４人に１人は家庭を築くことに前向きでなく、一方で「結婚したら共働きがよい」は59.6％で、高校生の性別役割分業意識は根強い。

　図３は、高校生の将来のリスクに対する意識を示している。高校生が将来のリスクを意識しているのは、「そう思う」「どちらかというとそう思う」を合わせると、「地震や大雨などの自然災害にあう」が66.7％で最も高い。高校生は、2011年の東日本大震災を経験しており、実感をともなっていることが推察される。「正社員になりたいけどなれない」35.7％、「失業する」31.5％で３人に１人は仕事にリスクを感じている。さらに、「結婚したいけどできない」は47.8％、「離婚する」34.1％で、２人に１人は将来結婚できず、３人に１人は離婚をすると思っている。また、「老親の世話や介護で苦労する」45.3％、「老後の生活に困る」43.4％で老後に不安を抱いている。一方で、「多額の借金を抱える」は20.4％で最も低く、将来の経済生活にはさほどリスクを感じていないことが推察される。

　これらの高校生の実態を参考にして、開発する教材の題材を選定して授業研究に取り組んだ。

7. 本書に掲載した開発教材一覧

　表３は、本書に掲載した授業の開発教材一覧とその教材で扱う内容、生活問題のレベルをまとめている。第Ⅱ部は、対話的で深い学びをつくる家庭科研究会で開発した「ロールプレイングを導入した知識構成型ジグソー法」の教材である。アクティビティを中心にしたアクション・リサーチで授業改善を繰り返し、何度も研究会を重ねてロールプレイングのシナリオ、エキスパート資料を練り直した。第Ⅱ部では、事例ごとに授業実践例を掲載しているが、教材資料はそれらの授業実践を基に改善したものを掲載しているため、教材資料と授業実践での記入内容で齟齬が生じている箇所もあるがご容赦いただきたい。開発した教材は家庭や社会に関わる様々な問題を扱い、協調的に問題発見・問題解決能力を育むため、家庭科のカリキュラムに応じて学習した知識を活用するパフォーマンス課題として取り入れると効果的である。一方で、エキスパート

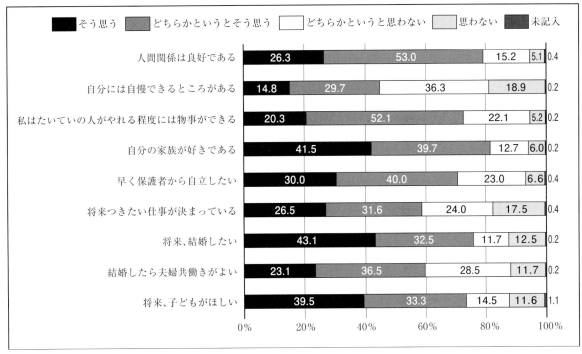

図2　高校生の自分や家族に関する意識　（n=822）

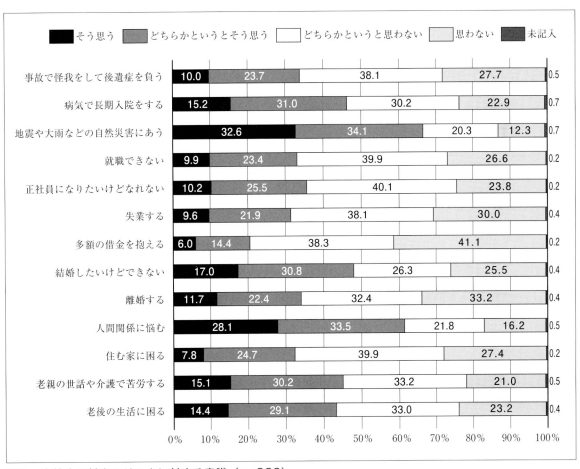

図3　高校生の将来のリスクに対する意識（n=822）

資料は、家計管理、家事分担、子育て、バリアフリー、介護保険の理解、商品の背景、共生社会など多岐の内容を扱っており、授業内容に応じて単体での授業資料としての活用も可能であると考える。

第Ⅲ部は、研究会メンバーが開発に係わった教材である。中学校での開発教材もあり、いずれも授業実践を踏まえているので、各学校に合わせて活用してほしい。なお、第Ⅱ部、第Ⅲ部に掲載した授業資料は、教育図書のHPからダウンロードが可能である。

表3　本書に掲載した開発教材一覧

部	事例	授業実践した校種	扱う内容	生活問題のレベル
第Ⅱ部：研究会での開発教材	事例1 リスク管理の問題解決 －家族の危機にどう対処するか!!－	高校	家計管理、社会保険料、生活時間、住宅ローン、奨学金	レベル2：家族や地域社会の人々の生活問題
	事例2 子育て支援 －子育てにどう対処するか!!－	高校	子育て支援、家事分担、生活時間、家計管理、男女共同参画社会	レベル2：家族や地域社会の人々の生活問題 レベル3：社会システムにおける生活問題
	事例3 介護 －祖父の介護にどう対処するか!!－	高校	高齢期、介護保険制度、介助、住宅のバリアフリー	レベル2：家族や地域社会の人々の生活問題 レベル3：社会システムにおける生活問題
	事例4 持続可能な消費 －商品の背景を考える!!－	高校	持続可能な消費、食品の信頼性、食品ロス、容器包装	レベル3：社会システムにおける生活問題
	事例5 共生社会 －みんなで廃校の活用方法を考えよう!!－	高校	共生社会、家庭と地域、街づくり、家族が抱える課題	レベル2：家族や地域社会の人々の生活問題 レベル3：社会システムにおける生活問題
第Ⅲ部：メンバーが係わった開発教材	事例1 ライフステージの食生活 －家族の悩みを解決する献立を考えよう－	高校	ライフステージの食生活、食事摂取基準、食品群別摂取量、献立作成	レベル1：個人の生活問題 レベル2：家族や地域社会の人々の生活問題
	事例2 家族が納得できる買い物 －家族会議で購入計画を立てよう－	中学校	消費行動、情報収集、商品比較、支払い方法、意思決定、	レベル2：家族や地域社会の人々の生活問題
	事例3 家族みんなの住まい －安全で快適に住まう工夫を考えよう－	中学校	健康・快適・安全な住まい、間取り図・鳥瞰図、家族の生活	レベル2：家族や地域社会の人々の生活問題
	事例4 日常食の調理 －煮る調理のコツを探ろう―	中学校	日常食、加熱調理、調理のコツ、科学的根拠	レベル1：個人の生活問題

（野中美津枝）

<引用文献>
1) ライチェン、ドミニク・S & サルガニク、ローラ・H（編著）（2006）立田慶裕（監訳）今西幸蔵・岩崎久美子・猿田祐嗣・名取一好・野村和・平沢安政（翻訳）『キー・コンピテンシー――国際標準の学力をめざして』明石書店.
2) グリフィン、P.、マクゴー、B.、ケア、E.（編）（2014）三宅なほみ（監訳）益川弘如・望月俊男（編訳）『21世紀型スキル－学びと評価の新たなかたち』北大路書房.
3) 国立教育政策研究所（2013）「教育課程の編成に関する基礎的研究報告書5－社会の変化に対応する資質や能力を育成する教育課程編成の基本原理」
4) 前掲2)
5) 三宅なほみ・益川弘如（2014）「新たな学びと評価を現場から創り出す」グリフィン、P.、マクゴー、B.、ケア、E.（編）三宅なほみ（監訳）益川弘如・望月俊男（編訳）『21世紀型スキル－学びと評価の新たなかたち』北大路書房、223-239.
6) 中間美砂子編（2004）『家庭科教育法－中・高等学校の授業づくり－』建帛社.
7) 野中美津枝（2019）『生活課題解決能力を育成する授業デザインの実証的研究－授業評価・改善に関するモデル』福村出版.
8) 廣瀬隆人・澤田実・林義樹・小野三津子(2004)『生涯学習支援のための参加型学習のすすめ方－「参加」から「参画」へ』ぎょうせい.
9) 吉崎静夫（2012）「教育工学としての授業研究」日本教育工学会（監修）『授業研究と教育工学』ミルヴァ書房、1-29.
10) 前掲7)

第Ⅱ部

開発教材の解説と
授業実践例

教育図書株式会社ホームページ内の、本書を掲載しているページから、
全ての事例のワークシートと、事例1の以下のデータ等をダウンロード
することができます。

- ●3．ロールプレイング
- ●4．ワークシート
- ●5．エキスパート資料

<table>
<tr><td></td><td>事例
1</td><td colspan="2">リスク管理の問題解決 ―家族の危機にどう対処するか―</td></tr>
</table>

事例 1 リスク管理の問題解決 ―家族の危機にどう対処するか―

扱う内容：家計管理、社会保険料、生活時間、住宅ローン、奨学金

1 授業開発の視点

　高校家庭科では、生涯を見通した生活における経済の管理や計画、病気や失業、年金生活などのリスクへの対応としてリスク管理が重視されている。人は、病気や事故、災害など不測の事態に見舞われることもあり、教育資金、住宅取得など一生を通した経済計画は不確実性を帯びている。しかしながら、高校生の将来に対する意識調査（11頁図3）では、失業や借金、老後の生活などの意識は低く、将来の経済生活にリスクを感じていない。現実の家計管理では、一時的な収入と支出だけではなく、家族の様々な状況に対応した意思決定が必要である。そこで、リスク管理の問題解決能力を育成するため、家族が予想外の危機に遭遇した場合のリスク管理を題材にして、ロールプレイングで家族になって問題解決をすることにした。

2 本時の概要と授業設計

（1） 本時の概要

　1班4人グループで、リストラされ収入の少ない父（58歳）、パートで体調不良の母（55歳）、ストレスで退職した兄（25歳）、進路に悩む高校生（17歳）の家族4人の役割を分担し、ロールプレイングで問題を解決していく。この家族は、兄の失業で家計が毎月3万円の赤字になり家族の危機に直面しているが、それ以外にも様々な解決しなければならない問題を抱えている。

　本授業では、各班の家族で役割の立場になって、家族の問題を話し合い、解決すべき問題（課題）は何かを考えて優先順位をつけるところに時間を取りたい。自分たちで問題を発見して解決すべき課題を決めることによって、問題を自分ごととして捉える効果があり、エキスパート活動やジグソー活動で問題解決策を考えるうえでも当事者意識を持って話し合いに入り込む効果が期待できる。また、班ごとに家族の解決すべき課題の内容や優先順位が違うことによって、クロストークでの全体発表がバラエティに富み、それ以外にも様々な視点や解決策の発見につながる。日常生活においても常に様々な問題を抱えている中で、短期的、長期的な視点で課題をみつけて問題解決のために意思決定をしていることを実感させたい。

（2） 授業設計

家族を役割分担 →ロールプレイ →当事者になって、思いや問題を書く →家族で思いを言い合う。	1班4人	父（三郎） 58歳	母（正子） 55歳	兄（健一） 25歳	高校生（ひろみ） 17歳
	家族の状況	55歳で会社をリストラ。現在2か所でパート。手取月16万5千円。住宅ローン残り12年。	パートで、手取り月10万円収入。体調不良。	大卒。就職3年目で手取り18万円。毎月5万円を家計に入れ、2万5千円奨学金を返済していた。ストレスで退職。	高校2年生。専門学校か、大学か、進路に悩んでいる。

解決すべき生活問題は何か？ →家族で、問題解決策を考える	班で家族の問題をみつける 解決策の検討	〈リスク〉兄が退職して、家計に入れていた5万円が入らなくなって、毎月3万円の赤字家計をどうする？　ひろみの進路？…… ・家族の解決すべき問題をあげて、問題解決の優先順位を考える。 ・家族の思いを大切にして、可能な問題解決策を話し合う。			

（移動）…同じ役割で集まる

エキスパート活動 （同じ役割が集まって、その立場での解決策の情報を得る） →考えることを2つ具体的に示す ※**Q1、Q2** 作業や記入する枠を設ける。	問題解決につながる情報の選択肢を用意。一緒に作業ができるような内容。 →ジグソーで持ち帰ってどれが良いか家族に説明して決められるような……	父（三郎） 58歳	母（正子） 55歳	兄（健一） 25歳	高校生（ひろみ） 17歳
		Q1　家に住み続ける場合と、家を売って賃貸で家賃を払う場合では、どちらがよいか？	**Q1**　家族の生活時間をみて、改善策を考えてみよう。	**Q1**　給与明細から社会保険料を確認してみよう。	**Q1**　進学にかかる費用を比較してみよう。私立大理系、国公立代、専門学校
		Q2　年金受給額を計算して、老後の資金準備を考えてみよう。最低限でも3.5万の赤字…	**Q2**　1ヶ月の手取り収入と支出内訳をみて、具体的に3万円赤字の改善策を考えてみよう。	**Q2**　退職後の収支シミュレーションから、今後どうしたらよいか考えてみよう。	**Q2**　必要な学費から、奨学金をいくら借りるか、借りない場合はどうするか。

（移動）…元の班に戻る

ジグソー活動 （元の家族に戻って、建設的に持ち寄った知識を活かして問題解決策を考える）	班で家族の問題解決	得た知識・情報を発表し合う 　→エキスパートで持ち寄った問題解決の選択肢をどうするか。 　→建設的相互作用で、家族の問題解決策を考える 　　問題解決の優先順位 　→なぜ、そうするのか、理由も考える			

クロストーク （解決策をクラスで発表する。）	全体で発表	班の家族の問題解決策を発表する 　→なぜ、その問題解決策にしたのか、根拠を説明する			

個人で解決策を振り返り （個人で解決策を評価する）	個人で問題に向き合う	個人で、決定した問題解決策でよかったのか、解決策を評価する。 　→実際の生活で、問題が起きたときの解決策や対応を考える。			

（野中美津枝）

3 ロールプレイング【家族の危機にどう対処するか!!】

（1） あらすじ

　東京近郊に住むひろみの家族は、３年前に父がリストラに会い転職するも収入が激減。母は更年期で体調がすぐれない。兄も仕事のストレスからから自己都合退職を余儀なくされた。兄からの入金が途絶えた<u>家計は月３万円の赤字</u>となり、高２のひろみの進学にも影響が及びそうである。<u>父の年金受給が始まる７年後まで</u>どうやって乗り切ればよいか考えてみよう!!

（2） 役割

父（三郎）58歳	母（正子）55歳	兄（健一）25歳	高校生（ひろみ）17歳
会社勤めをしていたが不況から55歳でリストラに会う。再就職は年齢的なこともあり正社員の職は見つからなかった。 　今はパートを２か所掛け持ちで週20時間ずつ計40時間働いている。 　税引き後の月収は手取り16万５千円。ボーナスはない。会社の社会保険には加入できない。	家事のほとんどを行いながら、週５日午後１時から６時までパートで働いている。給料は手取り10万円。 　父（三郎）の収入と合わせた中から家族の国民健康保険料、国民年金保険料、介護保険料も支払わなければならないので家計は苦しい。	大学卒業後、民間の会社に勤め、給料は３年目で税金・社会保険料を除いた手取りは約20万円であった。そこから月２万５千円を奨学金の返済にあて、毎月５万円を家に入れていた。 　厳しい生活の中からも貯蓄をし、現在15万円ためている。	高校２年生のひろみは、バスケット部に所属している。将来は食品関係の仕事に携わりたいという思いがあり、進路はフレンチのシェフになるために料理専門学校にするか、果物の品種改良やお菓子の商品開発などもやってみたいので農学部又は栄養関係の学部に進学するか迷っている。

（3） ロールプレイング

《第１話》

★夜、居間で父がくつろいでいる。そこへ健一が青ざめた顔をして帰ってきた。

兄（健一）：ただいま。父さん話があるんだ。少し相談に乗ってもらっていいかな。

父（三郎）：なんだ。何かあったのか。

兄（健一）：俺、会社やめようと思っている。
　　　　　　いままで何とかノルマを果たそうとやってきたけど、ここ数カ月ほとんど眠れないし、胃が痛くて食事ものどを通らない。体はきつくてふらふらするし、何もする気が起きないんだ。そんな状態がここずーっと続いてもう限界だと思う。

父（三郎）：そうか。大変だったな。お前の体のことが一番大事だから、よく考えて決めなさい。

★夕食の後始末が終わった母（正子）に、父（三郎）が切り出した。

父（三郎）：健一が仕事をやめたいそうだ。毎日残業残業ではまいってしまうな。体も限界にきているようだし、少し休ませてやらんとな。

母（正子）：私も大丈夫か心配していたから、それを聞いてほっとしたわ。

父（三郎）：家計の方は何とかなるかな？

母（正子）：健一からの入金が無くなると、月３万円位の赤字にはなるけど、健一の体には代えられないわ。何とか切り詰めてやりくりしてみるわ。

★そして数日後

兄（健一）：父さん、母さん。俺会社に辞表を出してきたよ。通院しながらしばらく体を休めることにするよ。

父（三郎）：それがいいだろうな。

兄（健一）：これから医療費もかかるし申し訳ない。

母（正子）：そんなことは心配しなくても大丈夫よ。それよりもゆっくり体を休めて早く良くなってね。

兄（健一）：父さんの方こそかけもちで働いているけど大丈夫？

父（三郎）：慣れない仕事だが何とかやっているよ。来年度契約が更新されるかどうかはわからんが、住宅ローンもあと12年残っているしな。そこまでは何とか頑張らんと。

《第2話》

★土曜日の夕方。父は洗濯物の取りこみ、母は食事作りをしている。そこへひろみが学校から帰って来た。

私（ひろみ）：ただいまー。あーお腹すいた。何か食べる物ない？

★パンがあるのを見つけて立ったままほおばっている。

母（正子）：お帰り。手も洗わずお行儀悪いわね。

私（ひろみ）：だってお腹がすいて死にそうなんだもん。

母（正子）：もうすぐご飯ができるわよ。ちょっと待って。

私（ひろみ）：はーい。ところで話があるんだけど

母（正子）：なあに。

私（ひろみ）：先生が再来週三者面談を行うから、進路について親御さんとよく話し合っておきなさいだって。はい。これその通知。

母（正子）：そうなの。ひろみはどう考えているの？

私（ひろみ）：将来は食品関係の仕事に就きたいと思っているんだけど。その中で迷っている。フレンチのシェフになるために料理専門学校にするか、果物の品種改良やお菓子の商品開発などもやってみたいから、農学部や栄養関係の学部に進学するか。でも、どれも授業料が高くて……。どうかなと思っている。

母（正子）：何とか進学はさせてあげたいけど、あなたも分かってのとおり、今のうちの家計は厳しいの。

私（ひろみ）：わかってる。なるべく家計に負担をかけないで進学する方法を探してみるよ。

★夕食後、ひろみと健一は部屋に戻り、母が父に話しかける。

母（正子）：お父さん。ひろみの進路についてだけど。

父（三郎）：来年は受験だな。

母（正子）：ひろみは、食品関係の仕事に就きたくてシェフをめざして料理専門学校にするか、農学や栄養の勉強をしたいらしいの。どちらも結構授業料が高いそうよ。

父（三郎）：何とかしてやりたいけどな。

母（正子）：でも、何とか収入を増やしたくても、私はこのとおり無理がきかないし、お父さんは仕事を２つも掛け持ちをして大変だし。それでも今の稼ぎでは、健康保険、年金、介護などの保険料を払うだけでもやっとよ。とても進学の費用までは手が回らないわ。

父（三郎）：健一の医療費もあるしな。何とかならないかな。

（坪内恭子）

4　ワークシート

「家族の危機にどう対処するか!!」　　<u>　年　　　組　　　番　　　名前　　　　　　　　</u>

1．家族の役割分担（　　　）班；父（　　　　　）、母（　　　　　　）、兄（　　　　　）、ひろみ（　　　　　）

2．ロールプレイングをして、自分の立場の思い（感じたこと、どうしたいか）を書いてみよう。

役割に○	（　　　）父	
	（　　　）母	
	（　　　）兄	
	（　　　）ひろみ	

3．家族に思いを発表し合って、家族の解決すべき問題をあげて、問題解決の優先順位を考えてみよう。

家族の問題	○毎月３万円の赤字をどうするか	→優先順位（　　　）位
	○	→優先順位（　　　）位
	○	→優先順位（　　　）位
	○	→優先順位（　　　）位

4．3であげた問題について、家族の思いを大切にして、可能な問題解決策を話し合ってみよう。

5．同じ役割で集まり、資料を参考に問題解決に向けて考えられることを整理しよう。

役割に○	（　　　）父	
	（　　　）母	
	（　　　）兄	
	（　　　）ひろみ	

6．元の家族に戻って、それぞれの役割で得られた問題解決の情報を家族に説明する。（役割ごとのメモを取る）

説明した人の役割に○	（　　　）父	
	（　　　）母	
	（　　　）兄	
	（　　　）ひろみ	
	（　　　）父	
	（　　　）母	
	（　　　）兄	
	（　　　）ひろみ	
	（　　　）父	
	（　　　）母	
	（　　　）兄	
	（　　　）ひろみ	

7．家族で得られた情報を基に、3であげた家族の問題について、具体的にどの問題をどう解決するのか、解決策を話し合おう。
　なぜそうするのか理由も考えよう。

家族の問題	
解決策	
理由	

8．各班の家族の問題解決策とその理由を発表し合い、思ったこと・工夫されていたことなどのメモをとろう。

1班		2班	
3班		4班	
5班		6班	
7班		8班	
9班		10班	

9．他の班の発表を聞いて、もう一度、家族の問題解決策を個人で振り返ってみよう。本当によかったのか、もっと別の解決策
　の方がよかったのではないかなど、授業を通して考えたこと、思ったことを書いてみよう。

自己評価	①役割になって考えることができたか	Aできた、　Bまあできた、　Cできなかった
	②家族に自分の役割の解決策を伝えられたか	Aできた、　Bまあできた、　Cできなかった
	③家族で協力して問題解決策を決定できたか	Aできた、　Bまあできた、　Cできなかった

5 エキスパート資料
父 三郎 58歳

健一の医療費にひろみの受験。
なんとかしてあげたいが老後のことも
心配だ。どうしたらいいものか…はて

【現在の収入と貯蓄】

収入	月26万5千円（＝月16万5千円（父）＋月10万円（母）） ※月3万円の赤字
貯蓄	250万円 ※月3万円ずつ切り崩していくと7年で0円

Q1. 家計の赤字を解決する1つの方法として、住宅費を検討してみよう。住宅ローンの支払いがあと12年間残っている。現在の家に住み続ける場合と、家を売却して賃貸マンションに転居する場合ではどちらがよいか。それぞれのメリット・デメリットを挙げて考えてみよう。

	①現在の家（築20年）に住み続ける場合	②家を売却して賃貸マンションに転居する場合
収入	○現在の家に住み続けた場合の収入 計　0円	○家を売却した場合の収入 (1)売値　　　　　　　　　　　　　800万円 (2)住宅ローンの繰り上げ返済　　　－470万円 　（住宅ローンの残り600万円の利子を除く） (3)売却手数料・事務経費　　　　　－30万円 売却時の収入　　　　　　計　300万円
支出	●現在の家にかかる年間支出 (1)住宅ローン　月4.2万円×12か月＝　年50.4万円 (2)固定資産税　　　　　　　　　　年4.8万円 (3)火災保険料　　　　　　　　　　年2.4万円 (4)修繕・メンテナンス費用　　　　年12.0万円 　（外壁の塗装、屋根の補修等） 現在の家にかかる支出　　計　年（　　）万円	●転居時にかかる支出 (1)入居時費用（敷金など）　　　　32万円 (2)引越し費用　　　　　　　　　　15万円 転居時にかかる支出　　　計（　　）万円 ●賃貸マンションにかかる年間費用 (1)家賃　月8万円×12か月＝　　　年96万円 (2)更新料（隔年8万円）　1年あたり　4万円 賃貸マンションにかかる支出　計　年（　　）万円
	◆13年後以降の支出 ・ローンの支払いはないが、固定資産税・火災保険料を毎年払い続ける。 ・修繕・メンテナンス費用が増える。 　例）台所、風呂場、トイレの改築　計　約200万円	◆13年後以降の支出 ・家賃・更新料を毎年払い続ける。 　例）年100万円×10年＝（　　　）万円
メリット		
デメリット		

Q2. 父が7年後、母が10年後に受給できる公的年金を確認して、老後に向けての資金準備をどうしたらよいか考えよう。

父（7年後受給）	国民年金[1]（老齢基礎年金）＋厚生年金＝	月　約12万円
母（10年後受給）	国民年金[1]（老齢基礎年金）＝	月　約6万5千円
計（10年後受給）		月　約18万5千円

→最低限の生活費[2]との差：月22.0万円－月18.5万円＝月（　　　　）万円の不足

※1　国民年金は、20歳以上60歳未満のすべての人が強制的に加入し、老齢・障害・死亡の保険事故がおこったときに基礎年金を支給する公的年金制度。老齢年金は65歳から受給できる。
※2　老後に必要な最低限の生活費＝平均月22.0万円、ゆとりある生活費＝平均月34.9万円

老後資金の準備策

　兄の失業による家計赤字の状況下で、父として健一の医療費やひろみの教育費をなんとかして支払えるようにしたいと思いつつ、自分の老後の生活費も切実に考えないといけないという課題を抱えている。この資料では、Q1では家計の赤字を解決する方法の一つとして住宅費を検討し、Q2では将来受給できる公的年金の確認を行った上でどのようにしたら老後資金を捻出できるのかを考えさせることを意図している。

■Q1．家計の赤字を解決する１つの方法として、住宅費を検討してみよう。

　現在の家に住み続けた場合には、住宅ローン、固定資産税、火災保険料、修繕・メンテナンス費用、現在の家を売却する場合は、住宅ローンの繰り上げ返済や売却手数料・事務経費、転居にかかる入居や引っ越し費用、賃貸マンションの家賃や更新料がかかる。

<table>
<tr><td colspan="2"></td><td>①現在の家（築20年）に住み続ける場合</td><td>②家を売却して賃貸マンションに転居する場合</td><td>住宅ローンの繰り上げ返済</td></tr>
<tr>
<td rowspan="2">固定資産税
「家」や「土地」などの資産に対して課税される税金。毎年１月１日時点で家などの不動産を所有している人に課税され、市町村が徴収している。</td>
<td rowspan="2">収入</td>
<td>○現在の家に住み続けた場合の収入

計　0円</td>
<td>○家を売却した場合の収入
(1)売値　800万円
(2)住宅ローンの繰り上げ返済　−470万円
　　（住宅ローンの残り600万円の利子を除く）
(3)売却手数料・事務経費　−30万円
売却時の収入　計　300万円</td>
<td rowspan="2">住宅ローンは残り年50.4×12年＝604.8万円。ここに含まれる、約130万円の利子は支払わなくてもよくなる。</td>
</tr>
<tr>
<td>●現在の家にかかる年間支出
(1)住宅ローン　月4.2万円×12か月＝　年50.4万円
(2)固定資産税　年4.8万円
(3)火災保険料　年2.4万円
(4)修繕・メンテナンス費用　年12.0万円
　　（外壁の塗装、屋根の補修等）
現在の家にかかる支出　計　年（ 69.6 ）万円</td>
<td>●転居時にかかる支出
(1)入居費用（敷金など）　32万円
(2)引越し費用　15万円
転居時にかかる支出　計　（ 47 ）万円
●賃貸マンションにかかる年間費用
(1)家賃　月8万円×12か月＝　年96万円
(2)更新料（隔年8万円）　1年あたり　4万円
賃貸マンションにかかる支出　計　（ 100 ）万円</td>
</tr>
<tr>
<td>築20～25年　2階建
修繕・メンテナンス（例）
・シロアリ対策 約15万円
・外壁塗り替え 50～100万円
・屋根材点検・補修・塗装　25～40万円
・バルコニー防水張替　10～15万円
・水回り　10～100万円
・玄関,室内ドア 5～20万円</td>
<td rowspan="2">支出</td>
<td>◆13年後以降の支出
・ローンの支払いはないが、固定資産税・火災保険料を毎年払い続ける。
・修繕・メンテナンス費用が増える。
例）台所、風呂場、トイレの改築　計　約200万円</td>
<td>◆13年後以降の支出
・家賃・更新料を毎年払い続ける。
　例）年100万円×10年＝（ 1,000 ）万円</td>
<td></td>
</tr>
<tr>
<td rowspan="2">築30年以上　2階建
修繕・メンテナンス（例）
・外壁交換　100～140万円
・屋根材交換　200～250万円
・水回り　10～150万円
・給湯器交換 60～80万円
・リフォーム検討　0～1000万円　等</td>
<td>メリット</td>
<td>例）年間費用が賃貸マンションよりも低額であり、住宅ローンを完済すれば、年50万円の支出がなくなる。</td>
<td>例）一時的に300万円の収入がある。</td>
<td></td>
</tr>
<tr>
<td>デメリット</td>
<td>例）築年数が増えるにつれ修理・メンテナンス費が増え、リフォーム代も検討する可能性がある。</td>
<td>例）年間費用が現在の家に住み続ける場合より高額である。</td>
<td></td>
</tr>
</table>

■Q2．父が7年後、母が10年後に受給できる公的年金を確認して、老後に向けての資金準備をどうしたらよいか考えよう。

　最低限度の生活を送るために必要な費用は平均22.0万円であるが、この夫婦の場合、10年後以降は2人とも公的年金を受給できたとしても合計月約18万5千円であり、老後の生活費は不足することが見込まれる。Q1住宅費の検討を参考に、老後資金の準備資金を捻出する方法を考える必要がある。

<table>
<tr><td>父（7年後受給）</td><td>国民年金[1]（老齢基礎年金）＋厚生年金＝</td><td>月　約12万円</td><td rowspan="3">厚生年金制度
民間会社員や公務員が加入し、基礎年金の上乗せとして報酬比例年金を受ける。65歳以上で老齢または退職を支給事由とする年金給付金の受給権がある。</td></tr>
<tr><td>母（10年後受給）</td><td>国民年金[1]（老齢基礎年金）＝</td><td>月　約6万5千円</td></tr>
<tr><td>計（10年後受給）</td><td></td><td>月　約18万5千円</td></tr>
</table>

→最低限の生活費[2]との差：月22.0万円－月18.5万円＝月（ 3.5 ）万円の不足

最低限の生活費：	平均22.0万円　→内訳：食費7万円，住居1.6万円，光熱・水道2万円，家具・家事用品，1万円，被服及び履物0.9万円，保健医療1.5万円，交通・通信3万円，教養娯楽1万円，その他4万円
ゆとりある生活費：	平均34.9万円　（最低限の生活費以外に必要な金額の平均：12.8万円） 　→旅行・レジャー（60.7%），趣味や教養（51.1%），日常生活費の充実（49.6%）， 　　身内とのつきあい（48.8%）　等

老後資金の準備策
　例）現在の家に住み続け，勤務時間を増やして収入を得る。資格を取得し，より収入の高い職に就く。現在の家を売却して物価の低い地域に引越す。

参考）新築ノウハウ「イエノウ」https://ienou.com/、日本年金機構 https://www.nenkin.go.jp/service/seidozenpan/shurui-seido/20140710.html
　　　厚生労働省：一緒に検証公的年金 https://www.mhlw.go.jp/nenkinkenshou/structure/structure03.html
　　　厚生労働省：年金制度のしくみ https://www.mhlw.go.jp/content/000574082.pdf
　　　生命保険文化センター：生活保障に関する調査（平成28年度）https://www.jili.or.jp/research/report/pdf/h28hosho.pdf

（村上睦美・石引公美・神澤志乃）

5 エキスパート資料
母　正子　55歳

パートと家事を頑張っているが、体調不良で無理がきかない。でも家計が……

Q1．家族の生活時間を見て、改善策を考えてみよう。

時	0	1	2	3	4	5	6	7	8	9	10	11	12	13	14	15	16	17	18	19	20	21	22	23
母・正子	睡眠						お弁当づくり・洗濯／朝食の準備・洗濯	朝食／朝食の片付け	身支度・休憩	洗濯物を干す	自由時間／掃除	昼食／昼食の片付け	移動	パート					買い物／移動	夕食づくり／夕食	夕食の片付け／朝食の下準備	洗濯物たたみ／お風呂／お風呂掃除	着替え・自由時間	睡眠
父・三郎	睡眠						朝食	庭の手入れ	身支度・休憩	移動／パート			昼食・休憩	パート					移動／洗濯物取込	夕食／風呂	自由時間			睡眠
兄・健一	自由時間			睡眠					朝食兼昼食／食器洗い		身支度	通院／ハローワーク（就職活動など）				療養	自由時間		着替え・自由時間	夕食	自由時間／お風呂		自由時間	
高校生・ひろみ	自由時間	睡眠					朝食／身支度	移動	高校			昼食・休憩	高校				自由時間／部活など	移動	着替え・自由時間	夕食	お風呂／夕食の片付け	自由時間	勉強	

生活時間の改善策

Q2．1ヶ月の手取り収入と支出の内訳を見て3万円の赤字を減らす改善策を考えてみよう。

手取り収入	母	父	兄	合計
	100,000	165,000	0	265,000

★生活時間と家計を見直して3万円の赤字を少しでも減らそう！
↓変更箇所を書き込もう

		支出項目	金額	兄退職後一ヶ月後の支出内容	
実支出	消費支出	食事	72,000	食材一日2,400円（4人分）	
		住居	10,000	修繕費を月割りしたもの10,000円	
		光熱・水道	18,300	電気9,000円・ガス6,500円・水道2,800円	
		家具・家事用品	6,020	洗濯洗剤・調理用品・箱ティッシュ・掃除用シートなどの日用品6,020円	
		被服・履物	1,673	靴下473円、下着1,200円	
		保健医療	9,000	兄の治療費9,000円	
		交通通信	38,300	4人分の携帯とインターネットプロバイダー料29,500円　通学定期6,500円・NHK受信料2,300円	
		教育	11,300	教材費・修学旅行の積み立て等9,300円　部活の費用2,000円	
		教養・娯楽	4,500	新聞3,500円・参考書1,000円	
		その他	12,300	町内会費300円　お小遣い父4,000円、母4,000円、高校生4,000円	
	非消費支出		67,607	国民年金保険料（父母）32,680円、国民健康保険料（4人分）・介護保険料（父母）30,927円、固定資産税を月割りしたもの4,000円	
実支出以外の支払			44,000	住宅ローン42,000円、火災保険2,000円、貯金0円	
合計			295,000	←30,000円の赤字	

家計の改善策

　母（正子）は、更年期障害で体調的にも無理が効かないなか、外での仕事と家事を行い、毎月の家計をやりくりしなければならないという課題をかかえている。Q1の生活時間を読み取ることで、家族の生活時間の違いがあることや家事時間の偏りに気づかせ、家庭生活を家族全員が家族の一員として協力する大切さを感じさせることを意図している。Q2の家計では、普段気がつかない必要な支出の存在（実支出以外の支出）にも気づき、削減できるものが少ないことから、節約だけでなく収入を増やすような改善策を考えせることを意図している。

■Q1．家族の生活時間を見て、改善策を考えてみよう。

　生活時間は、1次活動（睡眠、身の回りの用事、食事）、2次活動（通勤・通学、仕事、学業、家事など）、3次活動（休養・くつろぎ、趣味・娯楽、受診・療養など）に分けられる。この家族の生活時間の偏りを比較するために表1に示した。

表1　この家族の生活時間の内訳（時間,分）

家族＼生活時間	1次活動			2次活動		3次活動
	睡眠時間	身の回りの用事	食事（食後の休憩も）	仕事学業（移動も）	家事	自由時間
母・正子	6.45	1.45	1.30	6.00	7.15	0.45
父・三郎	7.30	1.30	2.00	9.00	1.15	2.45
兄・健一	6.45	1.30	1.15	0.00	0.15	14.15
高校生・ひろみ	6.00	1.15	1.45	8.45	0.30	5.45

　1次活動は、生理的に必要な活動であるため、家族に大きな偏りは見られないが、2次活動の内訳から母（正子）の家事時間が他の家族に比べて多いことに気づくことができる。

　また、母（正子）は更年期障害で体調が悪く無理がきかないにもかかわらず、第2次活動である仕事と家事の時間が一番長い。更年期障害はコラムにもあるように、男性女性という性別に関係なく性ホルモンの低下が原因で起こり、50代女性においては72.2％が更年期の症状を抱えている（株式会社日本ヘルスケアアドバイザーズ）。この誰にでも起こりうる体調の変化と仕事や家事の多さから母（正子）の大変さを感じ取ることができる。

更年期障害とは？

　40歳を過ぎた頃から男女ともに見られる、さまざまな体調不良や情緒不安定などの症状をまとめて「更年期障害」と呼ぶ。身体的症状に、のぼせや顔の火照り、脈が速くなる、動悸や息切れ、異常な発汗、血圧が上下する、耳鳴り、頭痛やめまいなど、精神的な症状に、興奮亢進、イライラや不安感、うつ、不眠などがある。

（厚労省 e-ヘルスネットより編集）

■Q2.1ヶ月の手取り収入と支出内訳をみて、具体的に3万円赤字の改善策を考えてみよう。

　この家族の支出内訳は、もともと余裕がない設定になっている。二人以上の世帯全国平均の支出と比べても、この家族の支出が抑えられていることが分かる（表2）。また、生活のために消費する「実支出」の他に「実支出以外の支出」という支出もある。「非消費支出」といい、税金、健康保険料、雇用保険料、年金保険料、介護保険などの社会保険料などがあり、それらは節約などでは減らせない。

　また、生活時間と会計をバラバラで捉えるのではなく、合わせて考えることで、より深い改善策も見つかる。例えば、家族の生活時間を揃えることにより「高熱・水道」支出を抑えることができたり、兄（健一）の生活リズムを整え、家事関連科目を増やすことで、母（正子）や父（三郎）のパートの時間の増加、すなわち手取り収入の増加に繋がったりすることにも気づきたい。

表2　この家族の支出内訳と全国平均の差

	支出項目	父・母・高校生＋兄の4人家族		二人以上の世帯全国平均*	この家族ー全国平均（差）
		支出金額	内訳		
実支出	食事	72,000	食材一日2,400円（4人分）	80,461	-8,461
	住居	10,000	修繕費を月割りしたもの10,000円	17,103	-12,103
	光熱・水道	18,300	電気9,000円・ガス6,500円・水道2,800円	21,951	-,3651
	家具・家事用品	6,020	洗濯洗剤・調理用品・箱ティッシュ・掃除用シートなどの日用品	11,717	-5,697
	被服・履物	1,673	靴下473円、下着1,200円	11,306	-9,633
	保健医療	9,000	兄の治療費9,000円	14,010	-5,010
	交通通信	38,300	4人分の携帯とインターネットプロバイダー料29,500円通学定期6,500円・NHK受信料2,300円	43,814	-5,514
	教育	11,300	教材費・修学旅行の積み立て等9,300円部活の費用2,000円	11,495	-195
	教養・娯楽	4,500	新聞3,500円・参考書1,000円	30,679	-26,179
	その他	12,300	町内会費300円お小遣い父4,000円、母4,000円、高校生4,000円	50,843	-38,543
	非消費支出	67,607	国民年金保険料（父母）32,680円、国民健康保険料（4人分）・介護保険料（父母）30,927円、固定資産税を月割りしたもの4,000円		
	実支出以外の支出	44,000	住宅ローン42,000円、火災保険2,000円、貯金0円	—	—
	合計	295,000	→30,000円の赤字		

＊二人以上の世帯全国平均の数値は、総務省統計局の家計調査報告家計収支編2019年（令和元年）平均結果の概要より編集

（小林久美・齋藤和可子）

ストレスで仕事を辞めたけど、
貯金は15万円しかない。
これからどうしよう。

Q1．給与明細書から社会保険料を確認してみよう。

給与明細書

支給額	基本給	役職手当	住宅手当	家族手当	時間外手当 （125%）	通勤費	総支給額	
	215,000	0	0	0	16,796	21,500	253,296	
こうじょ 控除額^{注1}	健康 保険料^{注2}	厚生年金 保険料^{注2}	雇用 保険料^{注2}	介護 保険料^{注2}	所得税	住民税	総控除額	差引支給額 （手取り額）
	11,964	21,394	1,159	0	4,700	12,200	51,417	201,879

注1　控除額とは支給額からあらかじめ引かれるお金
注2　社会保険料（健康保険料、厚生年金保険料、雇用保険料、介護保険料）は国の社会保障制度の一つで、国民の生活保障のために設けられた公的な保険制度。一定の条件を満たす国民は社会保険に加入して保険料を負担する義務がある。

退職前と退職後の比較

退職1ヶ月前 （円）		退職後はどうなる？　どうする？	
貯金	150,000	→使えば無くなる	
収入：給与 手取り額	201,879	→無くなる	
給与から控除されていたもの（差し引かれていたもの）　社会保険料	健康保険料　11,964	○国民健康保険に加入する ・病気等の治療費は3割負担 ・世帯主が保険料を負担（父が月約2,700円の増額） 〈手続きの場所〉市区町村役場	×国民健康保険に加入しない ・病気等の治療費は10割負担（全額負担）
	厚生年金保険料　21,394	○厚生年金から国民年金に切り替える 〈手続きの場所〉年金事務所 **ア　保険料を支払う**　・1ヶ月の保険料は16,340円。・将来もらえる年金の減額はない。　**イ　特別免除制度を使う**　・1ヶ月の保険料は0円。・将来もらえる年金は、この期間分の2/3が減額される。　アかイを選択	×そもそも国民年金に加入しない ・もらえる年金は厚生年金加入期間分
	雇用（失業）保険料　1,159	○失業保険の手続きをする 以下の条件がそろうことが必要。 ・就職する意思と能力がある。 ・積極的に求職活動を行っている。 ・離職日以前の2年間に被保険者期間が12カ月以上ある。 退職理由、雇用保険の加入期間などにより、受給金額、受給期間が変わる。申請から支給まで約2ヶ月。健一は5,325円（1日）×（90）日間の基本手当が支給される。〈手続きの場所〉ハローワーク	×失業保険の手続きをしない ・保障を受けられない。
	税金　所得税　4,700	収入がある場合に、収入から所得控除を引いた金額に対して一定の税率で課される税金。	
	住民税　12,200	市町村民税・道府県民税の総称で、1月1日時点の住所地に納付する税金。 前年に所得がある場合は納税義務がある。	
支出	奨学金返済　25,000	ア　毎月25,000円返還する　　アかイを選択	イ「返還期限猶予」の手続きをして返還を待ってもらう（最長10年間）
	家族の家計へ　50,000	収入がないので支払えない	

Q2. 今後どうしたらよいか考えてみよう。

国民年金保険料、住民税、奨学金返済を貯金と雇用（失業）保険基本手当から支出する場合のシミュレーション

			退職から 1・2ヶ月後	3・4・5ヶ月後	6〜12ヶ月後
貯金			150,000円	→ 42,920円	→ 361,550円
収入	雇用（失業）保険 基本手当 （90日間）	5,325円/日	申請後2ヶ月は 支給されない 0円	5,325円 ×90日 =479,250円	0円
支出	国民年金保険料 住民税 奨学金返済	16,340円/月 12,200円/月 25,000円/月	53,540円 ×2ヶ月 =107,080円	53,540円 ×3ヶ月 =160,620円	53,540円 ×7ヶ月 =374,780円
残高			（　　　）円	361,550円	（　　　）円

●受けられる公的支援
・教育訓練給付【雇用保険】支給額は教育訓練経費の20%相当額（上限10万円）
・公共職業訓練【職業能力開発促進法】WEBデザイン、簿記など無料講習
・生活保護
　セーフティーネット

> **Q2．** シミュレーションを見て、どんなことに気づいたか。健一の今後について考えてみよう。

【兄　エキスパート資料の教員用解説】

　兄は失業のリスクに対して、できるだけ家計への影響を少なくするために、社会保障を活用することと再就職をしたいという課題を抱えている。資料を読み解くことを通して、Q1では、給与明細書について支給額から社会保険料や税金が控除されていることに気づき、社会保障のしくみとともに、それを享受するには手続きが必要になることを理解し、手続きについて考えさせることを意図している。Q2では退職後の1年間の家計のシミュレーションを通して、社会保障を活用して今後のことを考えさせることを意図している。

■Q1. 給与明細から社会保険料を確認してみよう。

　給与明細書の見方を理解し、給与の支給額から社会保険料や税金が控除されていることに気づく。退職に際して手続きをした場合としなかった場合の生活をイメージする。社会保険料（健康保険料、厚生年金保険料、雇用保険料、介護保険料）は、国の社会保障制度の一つで生活保障のための公的な保険制度であることや、一定の条件を満たす国民は社会保険に加入して保険料を負担する義務があることを理解する。

■Q2. 今後どうしたらよいか考えてみよう。

　退職後1年間の収支をシミュレーションし、社会保障の活用について理解する。厚生年金保険料の「特別免除制度」、奨学金の「返還期限猶予」の手続きをしない場合は、退職から1年のうちに貯金が無くなり、家計が赤字になる。シミュレーションから気づいたことを整理し、今後どうすればよいか考える。

			退職から 1・2ヶ月後	3・4・5ヶ月後	6〜12ヶ月後
貯金			150,000円	→ 42,920円	→ 361,550円
収入	雇用（失業）保険 基本手当 （90日間）	5,325円/日	申請後2ヶ月は 支給されない 0円	5,325円 ×90日 =479,250円	0円
支出	国民年金保険料 住民税 奨学金返済	16,340円/月 12,200円/月 25,000円/月	53,540円 ×2ヶ月 =107,080円	53,540円 ×3ヶ月 =160,620円	53,540円 ×7ヶ月 =374,780円
残高			（ 42,920 ）円	361,550円	（ -13,230 ）円

（小清水貴子・新山みつ枝）

5 エキスパート資料
高校生　ひろみ　17歳

将来は食品関係の仕事に就きたい。
進学したいけど、兄が失業！
母は体調不良！　どうしよう??

Q1．進学にかかる費用を比較してみよう。

初年度学費等（万円）

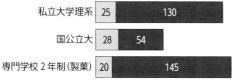

私立大学理系	25	130
国公立大	28	54
専門学校 2 年制（製菓）	20	145

□入学金　■授業料(年額)・実験実習費・施設備費・その他

■進学すると、合計いくらかかるか計算してみよう。

学校別	入学金 （万円）	年間学費×年数 （万円）	合計 （万円）
私立理系（4年分）	25	130×4＝520	
国公立大（4年分）	28	54×4＝216	
専門学校（2年分）	20	145×2＝290	

出所：文部科学省「平成26年度私立大学入学者に係る初年度学生納付金平均額（定員1人あたり）の調査結果について」
公益財団法人東京都専修学校各種学校各種学校協会「平成28年度学生・生徒納付金学調査結果」、生活費は日本学生支援機構「学生生活調査」平成26年度より

性別・学歴別生涯賃金（万円）

	高校卒	高専・短大卒	大学卒
男性	2億4006万円	2億3972万円	2億8653万円
女性	1億8411万円	2億125万円	2億3579万円

出所：厚生労働省「平成28年賃金構造基本調査結果（初任給）の概況」より。賃金データは厚生労働省「平成28年賃金構造基本統計調査」から、退職金データは平成25年就労条件総合調査から推定
参考：日経電子版 https://style.nikkei.com/article/DGXMZO15805150X20C17A4000000/?page=2

●大学の二部（夜間）の特徴

　授業料は、国公立であれば入学金、年間授業料ともに昼間部のおよそ半分。私立も同じく昼間部の半分から3分の2程度。
※ただし希望学部があるとは限らないため注意が必要

> **Q1．進学費用を比較し、気づいたことをまとめよう。**

Q2．奨学金制度をどのように利用するか考えてみよう。

第2種奨学金例（年利1％の場合）

貸与 月額	貸与 総額	返還 総額	返還月 （円）	返還回数 （年数）
12万円	576万円 （4年間）	約639万円	26,606	240回 （20年）
6万円	288万円 （4年間）	約313万円	16,311	192回 （16年）
12万円	288万円 （2年間）	約313万円	16,311	192回 （16年）

●初任給平均

大学卒　　　　　　203,400円
高専・短大卒　　　176,900円（ちなみに高卒　161,300円）
（平成28年賃金構造基本統計調査結果）

●奨学金返済ができないと

①返済できずに延滞した場合、延滞金利（年率5％）が課される。3か月以上延滞した場合、クレジットカードが作れなくなる。
②返済できない事情がある場合、一定の要件の下で返済の猶予が認められる。ただし、申請する必要あり。
③卒業後に自己破産件数も増加している。

※日本学生支援機構の奨学金には給付型と貸与型があり、貸与型には無利子の第一種奨学金（住民税非課税世帯等が対象）と有利子の第二種奨学金がある。利率は、固定方式と5年ごとに見直す方式がある。（出所：日本学生支援機構）

●30歳未満一人暮らしの支出合計（1か月平均）

196,037円（※支出は消費支出と非消費支出を加えた合計値。
出所：総務省「全国消費実態調査」（単身世帯のうち勤労者世帯）平成26年）

> **Q2．奨学金をいくら借りるか？　不足分はどうするか？　（返済することはできるか？　あるいは借りない場合はどのような方法があるだろうか？）**

【高校生　エキスパート資料の教員用解説】

　高校生のひろみは、家庭の経済不安の中で自分の夢の実現に向けてどうすべきかという課題を抱えている。Q１では、学費や生涯賃金の比較から、進路について考えさせることを意図している。Q２では、進学に伴う奨学金の利用や返済を通して、多くの奨学金は借金であることに気づき、その利用について考えさせることを意図している。

■ Q1．進学にかかる費用を比較してみよう。

　「初年度学費等」と「大学の二部（夜間）の特徴」から、進路先による必要資金の差異を理解する。次に、「性別・学歴別生涯賃金」の資料を加え、男女差に気づくとともに、学歴による違いも理解し、多面的、長期的に進路を考えたい。この生涯賃金は平均であり、現実には業種や会社の規模による差、転職の有無で異なってくる。同様に、女性が結婚や出産で仕事を辞めると、生涯賃金は大幅に下落する。

学校別	入学金 （万円）	年間学費×年数 （万円）	合計 （万円）
私立理系（4年分）	25	130×4＝520	545
国公立大（4年分）	28	54×4＝216	244
専門学校（2年分）	20	145×2＝290	310

> Q1　例：私立理系は最も学費がかかることがわかった。生涯賃金は大卒が高かった。

■ Q2．奨学金制度をどのように利用するか考えてみよう。

　2020年4月から入学金と授業料が免除される「高等教育の修学支援新制度」が始まったが、対象は住民税非課税世帯等に限定されている。学費等の支援制度では、利用基準として学力、家計、人物が問われることがある。下表の他に教育ローン制度もある。このような制度により進学希望がかなう学生も多いが、ほとんどの制度で返済が必要である。「初任給平均額」、「30歳未満一人暮らしの支出合計」から「奨学金の返済」についての重さも理解したうえで、奨学金の借用の必要性について考えたい。

◎奨学金　　　　　　　　　　　　　　　この他に、大学等の学校独自の奨学金、地方公共団体、公益財団法人のものがある。

実施団体	特　徴	給付貸与		家計
日本学生支援機構 （JASSO）	原則返さなくてよい。2020年4月より始まった。対象校のみ 大学・短大・専修学校（専門課程）同様、住民税非課税世帯（第一区分）では、月額 国公立自宅（29,200円）、自宅外（66,700円）、私立自宅（38,300円）、自宅外（75,800円）	給付 奨学金	給付型	住民税非課税世帯 （第一区分）：年収270万円未満 それに準ずる世帯 （第二区分）：年収300万円未満　第一区分の2/3 （第三区分）：年収380万円未満　第一区分の1/3 ＊給与所得の4人世帯の目安
	原則返さなくてよい。2020年4月より始まった	第一種 奨学金	貸与型 （無利子）	給与所得世帯　年収747万円以下 給与所得以外の世帯　349万円以下（所得） ＊給与所得の4人世帯の目安 住民税非課税世帯・生活保護世帯の生徒・社会的養護を必要とする人
	2～12万円を1万円単位で貸与月額を選べる。 低金利で年3％超えないよう法令で定められている。平成31年3月貸与終了者は利率固定方式で0.14%、5年ごとに利率見直し方式で0.01%（ここでは固定方式より見直し方式は利率は低いが変動であるので注意）	第二種 奨学金	貸与型 （有利子）	給与所得世帯　年収1,100万円以下 給与所得以外の世帯　692万円以下（所得） ＊給与所得の4人世帯の目安

◎授業料や入学金の減免。

授業料等の減免制度	2020年4月より始まった。対象校のみ。進学した大学等で申請 入学金・授業料（年間）　住民税非課税世帯：国公立大学約28万円、約54万円、短大約17万円、約39万円、専門学校約7万円、約17万円、私立大学約26万円、約70万円、短大約25万円、約62万円、専門学校約16万円、約59万円	減免	住民税非課税世帯及びそれに準ずる世帯の学生に対して、各大学等が上限額まで授業料等の減免を実施（減免の段階は奨学金給付型と同じ） 減免に要する費用は国から支出される

出典：おしえて！　将来のお金のこと　高校教員向け「進学マネー・ハンドブック」2020年度版　日本学生支援機構

> Q2　例：一人暮らしに約20万円の支出なのに、大学卒初任給も約20万円しかもらえないことを知り、奨学金は返済が少ない月額6万円×4年間借りたい。不足分は、勉強を頑張って授業料免除等の大学の特待生制度を利用したい。

（吉野淳子・齋藤美重子）

6 授業実践例（ワークシートの生徒の記述内容）

（1）家族でみつけた解決すべき問題と解決策

班	問 題	解 決 策
1班	① 毎月の3万円の赤字をどうするか ② 父の働きすぎ ③ ひろみの進学 ④ 兄の治療費	① ひろみがバイトする ④ 兄が治療を我慢する
2班	① 父の労働時間が少ないこと ② 家事が母に集中していること ③ 家族に正社員がいないこと ④ ひろみの大学はどうなるのか	① 父は正社員になるようにする。労働時間をもう少し増やす ② 兄は家事や家計のやりくりを考える ④ ひろみは今は勉強をする
3班	① 母の勤め先の時給が安いため効率が悪い ② 月3万円の赤字	①② ひろみにバイトをするよう説得する ・兄：内職を見つける。早く仕事を見つける。捜している間も軽い仕事をして体を慣らして見つかったらフルタイムで働く

（2）エキスパート活動で役割ごとに収集した情報

役割	収集した情報
父	・家はそのままで、仕事をする時間がまだあるので、もう少し増やす ・計算すると長めに見て引っ越さない方がお金がかからない ・生活保護の申請 ・7年あれば年金がもらえるので楽になる ・手に職をつけるために資格をとる ・働く時間を増やすためにパートを3つに増やす
母	・朝食の準備を皆でやる ・父に朝の洗濯、夜の自由時間を減らす ・重くない家事などを兄に任せて、労働時間を増やせるようにする ・朝食はそれぞれ自分で作ってもらう ・父の植物の世話を兄に任せて、父の空いた時間に洗濯物をお願いする
兄	・ハローワークに行く ・国民健康保険に加入してうつを治す ・年金は申請して後で支払い ・生活リズムを治す ・公共職業訓練校で資格を取る ・ハローワークで手続きをして手当てを受ける ・母の家事を手伝う
ひろみ	・学校は一番安い専門学校（第2種奨学金で授業料を出し、入学金は貯金から） ・部活をやめる ・バイトと母の手伝い ・入学から卒業までが一番安い専門学校に奨学金をもらいながら行くことにする ・入学してからはバイトをしてお金を返していく

（3）ジグソー活動で元の家族に戻って、エキスパートで得られた情報を基に話し合った問題解決策

班	問題解決策	理　由
1班	① 毎月3万円の赤字：新聞代、年金代、NHK受信料 　をうかせる 　・兄の雇用保険で毎日5325円入る ② 父の働きすぎ：ひろみがバイトをして助ける ③ ひろみの進学：奨学金を利用して専門学校へ行かせる ④ 兄の治療費：兄の貯金から9000円分払ってもらう。	① 節約できるとろは節約する ② 父母の収入だけでは足りない ③ ひろみに行きたい学校に行かせるため ④ 兄には貯金があるので自分のことは自分で
2班	①③　父がパートを3つにするか、資格を取得して手に職 　をつける。家族に正社員がいないという問題もこれ 　で解決できる ② 母の家事を分散させることについては、父の植物の 　世話を兄にしてもらうことで空いた時間を家事の時 　間にあてたり、朝食を自分で作ってもらう ④ ひろみには専門学校に通ってもらう 　第2種奨学金をもらう	① 父がパートを3つにすると今よりもお金がも 　らえるから ③ それぞれの空いた時間に家事をあてることで 　母に家事が集中することを防げるから ④ 入学から卒業までが、専門学校が一番安いから
3班	① 兄は健康保険に入り治療費の3割を負担する。奨学金 　の特別免除制度や年金の猶予制度を利用すれば0円。 　兄が家事をして、その間母が働く。 ② 住んでいる家を売って賃貸マンションに転居する。 　父は税金が増えないギリギリまで収入を上げる。	① いろいろな制度を利用することで負担が減る 　から。 ② 家を売らないと、貯金が赤字や進学費用で財 　産がなくなってしまい、年金がもらえるまで 　もたない。 　家のローンとか計算すると売ることで300万円 　手に入るから。

（4）クロストークで全体発表

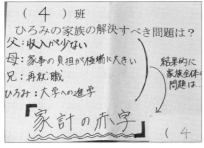

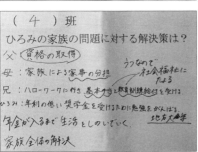

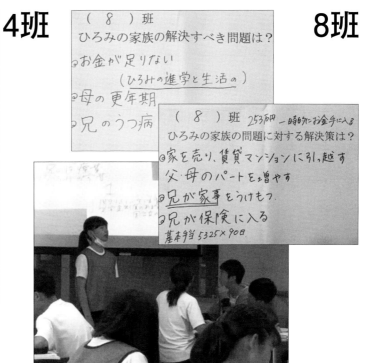

（5）個人で解決策を振り返り

生徒	記 述 内 容
A	僕はひろみを担当したが、部活をやめてバイトをすると受験勉強に専念しづらい心配はある。また、奨学金の返済が無事に終了できるという保証もない。様々な面から問題解決に向けて考えられたのはよかった。将来自分がこのような状況になった時、もっといい考えを出し生活を安定させたい。
B	自分の班の解決策はとても適格だとは思ったが、他にもいろいろな問題点、解決策があることに気がついた。ひろみの進路についてとてもいろいろな考え方があるのが印象的だった。社会福祉をどのように利用するかもその存在をしっかり知っていないとできないことなので、今回学べて良かったなと思う。自分がこういった状況に陥ってしまうことがあれば学んだことを生かしたい。
C	私は現在の家に留まるという策も良かったのではないかと思います。マンションに引っ越してしまうと長期的にみて生活がすごく厳しくなってしまうため、現在の家に留まりやりくりしていくべきだと考えます。もう少し具体的に書くべきだと思いました。
D	ひろみがバイトするのはやっぱり負担が大きすぎると思った。そのかわりに父の貯金の250万円を少しずつ崩すのと、兄の内職で補えば良いと思った。母の負担を考えていなかったけれど、辛いと思うので家族で家事分担するという意見は良いと思う。ひろみの進学は、将来の仕事など考えると多少無理してでもした方が良いと考える。
E	少し兄に負担をかけすぎてしまったところがある。ひろみは大学に進んでもらうのがベストだと思う。このような状況は最初無理だと思ったが意外と何とか出来たので驚いた。しっかり考えることは大切だと思った。
F	今回のような問題は今後自分の将来にもかかわってくる気がするなと思いました。今は親に学費を出してもらったりしているけれど、いつか自分が子どものために学費などを出すことを考えると、こういう事態も考えておかなければいけないなと感じました。このようなことは1つの選択で様々なことが変わってしまうので、慎重に物事を選んでいきたいです。
G	とりあえず、年金がもらえるまでの7年間をどうにか乗り越えることができればいいので、家族で協力することが大切だと思いました。

7　授業における生徒の学び

　今回は、家族に関する難題が重なった難しいテーマである。ロールプレイングを行った後、家族の問題解決の道を探るところまでは一見出口が見えづらく八方ふさがりの感があるが、エキスパートに分かれて資料を読み込むことで様々な解決方法が見えてくる。兄に関わる社会保険の理解が難しいので、できれば社会保険の学習を事前に済ましておけば、この部分の活用が容易になる。

　この家族問題の解決策のポイントは、兄に関わる社会保障制度をうまく利用できるか、また、7年後には父の年金が入り、10年後には母の年金も入り生活にも少しゆとりが出てくるというところである。加えて数年後にはひろみも社会人となり働いている可能性が高い。よって、兄が数年以内に回復して働けるようになるか、又はひろみの学校卒業まで何とかしのげれば、家計は改善の方向に向かうという見通しを持っているかで解決策が大きく異なってくる。

　クロストークでは他班の考えを知り多くの気づきが生まれていた。そこから自分たちの班が考え及ばなかった解決策があることを理解し、さらに自分の生活に引き付けて深く考える生徒もいたことはこの授業実践の成果である。この教材では、様々な可能性を探ることで、家族一人一人の自己実現をする方策が導き出せる。

（坪内恭子）

〈生徒のワークシート記入例〉

「家族の危機にどう対処するか!!」

1. 家族の役割分担（ ）班：父（ ）人、母（ ）人、兄（ ）人、ひろみ（ ）

2. ロールプレイングをして、自分の立場の思いや感じたこと、どうしたらいいのかを知ってみよう。

役割に○
- 父（ ）
- 母（ ）
- 兄（ ）
- ひろみ（ ○ ）

そして家族を安心させてあげたい。
ローンや契約などで自分のことも考えないといけない。
重労働のためがか疲れがたまっている。

3. 家族に思いを発表し合って、家族の問題をどうするか、問題解決の優先順位を考えてみよう。

家族の問題	
毎月3万円の赤字をどうするか	優先順位（ 1 ）位
家族の体調	優先順位（ 2 ）位
支出の増減をする	優先順位（ 3 ）位

4. 3であげた問題について、家族の思いを大切にして、可能な問題解決策を話し合ってみよう。

・兄の体調を治し、再就職してもらう。

5. 同じ段階で集まり、資料等を参考に問題解決に向けてできることを整理しよう。

役割に○
- 父（ ）
- 母（ ）
- 兄（ ）
- ひろみ（ ○ ）

現在の家に住み続ける
長期的に見ると支出は払い続けられるものの子どもの
ための費用が手に入らない
負担が少ないと思う。
兄の収入が手に入らなくなるなどの費用など支給ができるが
長期的に家の家などしてしまったため支出を続ける円の困難

6. 元の家族になったので、それぞれの段階で描いた問題解決の内容を家族に説明しよう。（役割ごとにメモを取ろう）

説明しやすく役割に○
- 父（ ○ ）
- 母（ ）
- 兄（ ）
- ひろみ（ ）

・光熱費・水道費を節約する。　新聞など止める。
・兄の精帯の解約
・ひろみは部活を辞めたほうがいい　体調管理をする

- 父（ ○ ）
- 母（ ）
- 兄（ ）
- ひろみ（ ）

特別保険制度を使って1ヶ月の保険料が0円に。
返還期限猶予の手続きをして10年延長する。
体調管理をする

- 父（ ○ ）
- 母（ ）
- 兄（ ）
- ひろみ（ ）

バイトする。国公立に行く。
バイトのお金を大事に回す。

7. 家族で解決を図られた情報を基に、3つあげた家族の問題について、具体的にどのような問題をどう解決するのか、解決策を話し合おう。
なぜそうするのか、その理由も考えよう。

家族の問題	① 赤字	② 家族の体調	③ 支出を減らす	④ その他の進学
解決策	貯蓄を切り崩す	病院に行く、睡眠時間を増やす。	兄の保険料を節約し、節約しながら生活する。	家を売却しだく3つの収入 ひろみのバイト
理由	家を売却したときに収入が入るため、様々なことにお金を回せるから。支出を減らすことで全体的に余裕が生まれる。体調を良くすることで仕事への復帰が期待できる。

8. 各班の家族の問題解決策とその理由を発表し合い、思ったことなどのメモをとろう。

班	メモ
1班	
2班	ひろみが部活を止め、父の分を稼ぐなど家族が一丸となって負担を軽減している。
3班	家族でバイトをし、今後の生活費を確保している。
4班	引っ越しをやりくって今後の支出の身負担を減らしている。
5班	ひろみの進学を中断をしテレビなど捨てることで手元にある物などその物を満して生活しにしている。
6班	兄一人の仕事を家できるという新しい仕事をしている。
7班	父の働きすぎによる家族の問題をどうにかしり自分で気付けるようにしている。
8班	雇用保険や奨学金など自己負担をして今後の生活を補っている。
9班	
10班	

9. 他の班の発表を聞いて、もう一度、家族の問題解決策を個人で振り返ってみよう。本当によかったのか、もっと別の解決策の方がよかったのではないかなど、投資を通して考えたこと、思ったことを書いてみよう。

今回のような問題は自分の将来にも関わってくる身近なことだなと思いました。今回に学費を出してもらったり、りじょうしていくだけで、いっの自分がそうなるかわからなくてためだと思いました。兄がそうなってしまっている身体を考えておかなければいけないと、感じました。このようなことでは1つの選択状で様々なことが変わってしまうので、しんちょうに判断をしたいと思っています。

自己評価
①役割になって考えることができたか　Ａできた、Ｂまあできた、Ｃできなかった
②家族に自分の役割の解決策を伝えられたか　Ａできた、Ⓑまあできた、Ｃできなかった
③家族で協力して問題解決を決定できたか　Ａできた、Ⓑまあできた、Ｃできなかった

<table>
<tr><td>事例
2</td><td colspan="6"><h1>子育て支援 －子育てにどう対応するか!! －</h1></td></tr>
</table>

扱う内容：子育て支援、家事分担、生活時間、家計管理、男女共同参画社会

1 授業開発の視点

　高校家庭科では、男女が協力して家庭を築くことの意義や親の役割と子育て支援の理解が求められている。高校生の将来に対する意識調査（11頁図2）では、「結婚したい」75.6%、「子どもがほしい」72.8%で、4人に1人は家庭を築くことに前向きでない。また、「結婚したら共働きがよい」は59.6%で、高校生の性別役割分業意識は根強い。現在、少子化が深刻な社会問題となっているが、就労や家事・子育てに対する社会支援は十分ではなく、保育園の待機児童も解消されておらず、男女共同参画社会における課題は多い。そこで、ここでは互いの職業意識を尊重しながら男女が協力して家庭を築いていくうえで、子育てにどう対処するのか現実の問題を実感できるように、ロールプレイングで家族になって問題解決をすることにした。

2 本時の概要と授業設計

（1） 本時の概要

　1班4人グループで、会社員の夫（35歳）、育児休業中で4月から仕事に復帰する妻（35歳）、4月から小学校に入学する兄（5歳）、4月から子育て支援を受ける予定の妹（生後6か月）の核家族4人の役割を分担し、ロールプレイングで問題を解決していく。この家族は、育児休業中の妻が4月から仕事に復帰するため、6か月の妹の預け先の確保、小学生になる兄の放課後への対応、夫婦の家事・子育て分担、子育てに係る家計管理など、様々な解決しなければならない問題を抱えている。

　本授業では、高校生は子どもの立場に寄り添いやすく、仕事を辞めて子育てに専念する問題解決策を選択したくなるため、夫婦はともに正社員の共働きで職業人としてのキャリアを大切にしている設定で、職業人としての男女共同参画を前提としいている。そして、現実の子育てにおける問題を実感できるように、エキスパート資料では、子育て費用を計算して家計管理、生活時間から家事分担、小学1年生の放課後の過ごし方、子育て支援の種類や病児の対応など、それぞれの役割の立場で考え、さらにジグソー活動では全員の情報を持ち寄らなければ解決ができないように工夫している。

（2） 授業設計

家族を役割分担 →ロールプレイ →当事者になって、思いや問題を書く →家族で思いを言い合う。	1班4人	夫（たろう） 35才	妻（はるみ） 35才	兄（けんた） 5歳	D（さくら） 生後6か月
	家族の状況	流通系会社正社員。 8時30分通勤－19時30分帰宅。 年収350万円。 妻が育休中。	販売系会社正社員。 8時30分通勤－19時30分帰宅。 年収350万。 家賃10万円。 来年4月～復職予定。	来年4月に小学校入学。 現在、こども園。	来年4月から保育園に預けられる予定・・・。

解決すべき生活問題は何か？ →家族で、問題解決策を考える	班で家族の問題をみつける	夫、妻は共働き。現在10月で、妻は6か月妹を出産後育休中。来年4月に復職予定で、4月から預かってくれる保育園を探したい。また、5歳の兄は、4月に小学校へ入学するが、小学校1年生は下校が早く、放課後の居場所を確保する必要がある

（移動）…同じ役割で集まる

エキスパート活動 （同じ役割が集まって、その立場での解決策の情報を得る） →考えることを2つ具体的に示す ※Q1、Q2 作業や記入する枠を設ける。	問題解決につながる情報の選択肢を用意。一緒に作業ができるような内容。 →ジグソーで持ち帰ってどれが良いか家族に説明して決められるような……	夫（たろう） 35才	妻（はるみ） 35才	兄（けんた） 5歳	妹（さくら） 6か月
		Q1 生活時間から、子育てや家事における夫婦の分担を考えてみよう。 **資料**：生活時間（妹、兄、夫婦で1本）と分担枠	**Q1** 保育園、学童の費用をシミュレーションしてみよう。 **資料**：施設やサービスの月額例。	**Q1** 鍵っ子と学童保育のメリットとデメリットを考えてみよう。 **資料**：兄の放課後の生活時間	**Q1** 認可と無認可の場合を比較してみよう（特徴、時間、費用）。 **資料**：認可保育園、認可外（保育園、ファミサポ）
		Q2 育児のため労働時間の短縮をした場合のメリット、デメリットを考えてみよう。 **資料**：育児の法制度	**Q2** 家計の収支から、Q1の費用を捻出できるか、考えてみよう。 **資料**：家計の収支の状況。	**Q2** 平日5日間の放課後の計画を立ててみよう。 **資料**：学童、子ども教室、習い事・塾	**Q2** 病気の時はどうする？費用の計算。 **資料**：病気の頻度、ベビーシッター、病児保育

（移動）…元の班に戻る

ジグソー活動 （元の家族に戻って、建設的に持ち寄った知識を活かして問題解決策を考える）	班で家族の問題解決	得た知識・情報を発表し合う →エキスパートで持ち寄った問題解決の選択肢をどうするか。 →建設的相互作用で、家族の問題解決策を考える 　問題解決の優先順位 →なぜ、そうするのか、理由も考える

クロストーク （解決策をクラスで発表する。）	全体で発表	班の家族の問題解決策を発表する →なぜ、その問題解決策にしたのか、根拠を説明する

個人で解決策を振り返り （個人で解決策を評価する）	個人で問題に向き合う	個人で、決定した問題解決策でよかったのか、解決策を評価する。 →実際の生活で、問題が起きたときの解決策や対応を考える。

（野中美津枝）

3　ロールプレイング　【子育てにどう対処するか‼】

（1）あらすじ

　5歳のけんたは、共働きの両親と妹の4人家族。けんたは認定こども園に通っていて、来年4月に小学生になる。妹のさくらはいま生後6か月。お母さんは育児休業中で家にいるが、4月には仕事に復帰する予定だ。

　両親は二人とも、仕事にやりがいを感じ、職業人としてのキャリアを築いていきたいと考えている。両親の実家は、両方とも遠方で、祖父母はそれぞれ仕事を持ち、家事や子育てを手伝ってもらうことはできない。

　そこで、両親は、お母さんが仕事に復帰してからも、家族で協力して家事や育児を行うことを希望している。両親の仕事が休みの土・日・祝日は、家族みんなで過ごしたいと考えている。

　10月に入り、来年4月からの家族の生活をどうするか、考えなければならなくなった。これから仕事と子育てを両立させていくにはどうすればよいだろうか。

（2）役割

夫（たろう）35歳	妻（はるみ）35歳	兄（けんた）5歳	妹（さくら）生後6か月
流通系会社で正社員として働いている。朝8時半に家を出て、帰宅は19時半。土日は休みである。年収は350万。妻のはるみが4月に仕事に復帰する。子どもたちは元気でのびのびとした子どもに育てたいと思っているが、4月から仕事、子育て、家事を、はるみとどのように協力し合えばよいか、不安に感じている。	販売系会社で正社員として働いている。朝8時半に家を出て、帰宅は19時半。土日は休みである。年収は350万円。産後休暇を経て、今は育児休業中。家賃として毎月8万円を支払い、貯蓄は100万円である。子育てにお金がかかると聞き、4月からの家計が心配である。	毎日元気に認定こども園に通い、4月から小学生になる。いまは夕方までこども園で過ごしているが、小学校に入学すると、1年生は下校時刻が早くなる。放課後、どこでどんなふうに過ごすのだろう。	4月生まれで、6か月になった。育児休業中のお母さんと家で過ごしている。しかし、お母さんが仕事に復帰する来年4月からは、どこかに預けられることになる。どんな生活になるのだろう。

（3）ロールプレイング

《第1話》
★10月のある日の午後、家族4人がリビングでくつろいでいる。

夫（たろう）：もう、さくらも6か月か。子どもの成長は早いな。

妻（はるみ）：そうね。お座りもできるようになって、体がしっかりしてきたわ。

妹（さくら）：(心の声：だって目線が高くなると、いろんなものが見えて楽しいんだもの！
　　　　　　　早く、はいはいができるようになりたいな！)

兄（けんた）：ねえ、パパ、見て！見て！ブロックで車を作ったよ！

夫（たろう）：けんたはブロックが上手だね。お父さんもこんな車に乗ってみたいな。

妹（さくら）：（心の声：お兄ちゃんはすごいな〜。私も乗りたいな。）

兄（けんた）：わかった。みんなが乗れる大きな車を作るよ！何色がいい？

夫（たろう）：そうだな。赤い車がいいかな。

妹（さくら）：（心の声：私も赤色、好き！）

妻（はるみ）：けんた、はりきっているわね。お母さんも楽しみだわ。そういえば、6か月健診でいま育児休業中だと話したら、4月からの生活について聞かれたわ。
　　　　　　　キャリアを継続するために、4月には職場に復帰したいと答えたわ。

夫（たろう）：職場の人たちも、はるみの復帰を待っているよ。二人で協力していこう。

妻（はるみ）：ありがとう。そうすると、さくらの預け先を考えないと・・・。

夫（たろう）：さくらの預け先か。確かに、もう申請の時期だな。
　　　　　　　けんたのときは、第1希望も第2希望も落ちて大変だった。今回はどうだろう。うまく入れるといいのだけれど・・・。けんたもさくらも、元気にのびのび育ってほしいな。
　　　　　　　そういえば、けんたは保育園に入ってから、いろいろな感染症になって大変だったな。急な病気のときの対応も考えておかなくてはいかんな。

妻（はるみ）：そうね。二人を、できるだけ良い環境で育ててあげたい。
　　　　　　　でも、この先、教育費がかかることを考えると、いま使えるお金には限りがあるし。費用について考えておかなくてはならないね。

妹（さくら）：（心の声：私、どんな生活になるのかな？）

兄（けんた）：（車を作りながら）ねえ、ねえ、ぼくも4月から小学生だよ。小学生になったら、スポーツをやりたいな！

夫（たろう）：そうだな。なあ、たしか、1年生は下校時間が早かったよな。放課後、けんたをどう過ごさせるかな。のびのび過ごせる場所があるといいな。
　　　　　　　それと、放課後にけんたをどこかに預けるなら、さくらと二人の迎えが必要だな。
　　　　　　　仕事と子育て、家事を両立させるには、はるみと分担して、お互いの時間のやりくりも考えないとならないな。

兄（けんた）：（心の声：放課後、どうしようかな？）

妻（はるみ）：そうね、私も心配だわ。4月から、どんな生活になるのかしら。

（小清水貴子）

4 ワークシート

「子育てにどう対処するか!!」

年　　　組　　　番　　　名前

1. 家族の役割分担（　　　）班；夫（　　　　），妻（　　　　），兄（　　　　），妹（　　　　）

2. ロールプレイングを通して、自分の役割からの思い（感じたこと、どうしたいか）を書こう。

役割に○	（　　）夫 （　　）妻 （　　）兄 （　　）妹	

3. 家族に自分の役割からの思いを発表し合い、家族の課題（解決すべき問題）をあげよう。
　 また、課題解決の 優先順位を記入しよう。

家族の問題	1．兄の放課後をどうするか、妹をどこに預けるか	→優先順位（　　）位
	2．	→優先順位（　　）位
	3．	→優先順位（　　）位

4. 3であげた課題について、家族の思いを大切にして、可能な課題解決策を話し合おう。

5. 同じ役割で集まり、資料を参考に課題解決に向けて考えられることを整理しよう。

役割に○	（　　）夫 （　　）妻 （　　）兄 （　　）妹	

6. 元の家族に戻り、それぞれの役割で得られた課題解決の情報を、資料を示しながら家族に説明しよう。
　 （役割ごとの情報のメモを取る）

説明した人の役割に○	（　　）夫 （　　）妻 （　　）兄 （　　）妹	
	（　　）夫 （　　）妻 （　　）兄 （　　）妹	
	（　　）夫 （　　）妻 （　　）兄 （　　）妹	

7．家族で得られた情報を基に、3であげたそれぞれの課題を具体的にどう解決するのか解決策を話し合おう。
　　また、なぜそうするのか理由も考えよう。

家族の問題	1.兄の放課後をどうするか. 妹をどこに預けるか	2.	3.
解決策			
理由			

8．各班の家族の課題解決策とその理由を発表し合い、思ったこと・工夫されていたことなどのメモをとろう。

1班		2班	
3班		4班	
5班		6班	
7班		8班	
9班		10班	

9．他の班の発表を聞いて、自分たちの解決策は本当に良かったのか個人で振り返ろう。もっと別の解決策の方 がよかったの
　　ではないかなど、授業を通して考えたこと、思ったことを記述しよう。

自己評価	①役割になって考えることができたか	Aできた、 Bまあできた、 Cできなかった
	②家族に自分の役割の解決策を伝えられたか	Aできた、 Bまあできた、 Cできなかった
	③家族で協力して問題解決策を決定できたか	Aできた、 Bまあできた、 Cできなかった

仕事も忙しいけど、2人でうまく家事を分担できるかな・・・家事や育児を通して子ども達の成長も一緒に見ていきたいな！

Q1．子育てや家事における夫婦の分担を考えてみよう。

☆以下は、4月からの家族4人の平日の生活時間である。夫と妻で分担する家事や育児に関する内容は、1番上の段に記してある。夫はどの家事育児をするか分担を考え、○で囲もう。

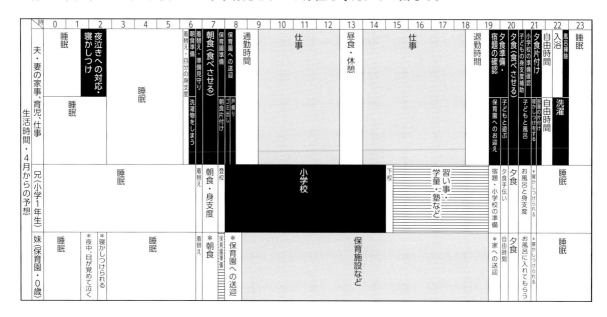

☆以下は、年間を通して育児に必要な事柄である。それぞれ1か月あたり何日必要だろうか。なお、育児のための制度も読んでおこう。

項目	行事名、日数など	何日
小学校	入学式、授業参観（年2回）、保護者会（年3回）、運動会、合唱祭、保護者面談、PTA活動（年2回程度）、卒業式等	1カ月あたり　　　　　　　日程度
保育園	入園式、保育参観（年2回）、保護者会（年2回）、親子遠足、お遊戯会、夏祭り、クリスマス会、卒園式等	1カ月あたり　　　　　　　日程度
乳幼児の年間病欠日数平均 出典：野原ら『保育園児の病欠頻度に関する研究』2016年	0歳・・・19.3日　　1歳・・・12.8日 2歳・・・8.9日　　3歳・・・7.0日 4歳・・・6.5日　　5歳・・・5.4日	1カ月あたり　　　　　　　日程度
小児健診や予防接種（1歳以上）	1歳6カ月健診、2歳6か月検診、3歳児検診、予防接種（水痘、MR、四種混合、日本脳炎など）	1カ月あたり　　　　　　　日程度
小学生病欠日数平均	平均　年3～4日程度	

参考資料	子の看護休暇 小学校就学の始期に達するまでの子を養育する労働者は、1年に5日（子が2人以上の場合は10日）まで、病気、怪我をしたこの看護または子に予防接種、健康診断を受けさせるために、休暇の取得が可能。	育児目的休暇 就学前までの子どもを有する労働者が育児目的として使える休暇の措置を設けることになった。休暇日数は各事業所によって異なるが、5～8日程度休める。

Q2. 育児のための制度である、所定労働時間短縮の措置を利用した場合のメリット、デメリットを考えてみよう。

注意：男女共に利用可能な育児に関する休暇制度。ただし仕事内容や事業所によっては実施していない場合もあり確認が必要。

> 育児のための所定労働時間短縮の措置・・・3歳に満たない子を養育する労働者に関して、1日の所定労働時間を原則として6時間とする短時間勤務制度を利用することができる。しかし給与も減額となる。
> 例 8時間勤務→6時間勤務の場合（仕事量75％へ）夫妻それぞれの手取り1カ月220,000円・・・1日10,000円（平日）
> 1か月毎日2時間時短にすると1日7,500円×22日＝165,000円となる。

メリット	デメリット

【子育て支援　夫エキスパート資料の教員用解説】

　妻の仕事復帰、子どもの小学校入学という環境の変化の中、夫はどのように仕事と家事、そして2人の子育てを分担したらよいかという課題を抱えている。Q1では、家族の生活時間全体を見て、家事・育児の分担を考えさせ、保育園、幼稚園、小学校での行事、乳幼児、児童の病欠日数の目安を把握させる。育児のために仕事を休まなければならない場合があることも理解させた上で、Q2では育児のための労働時間短縮の措置についてメリット、デメリットを考えさせる。この制度のメリット・デメリットを書き出すことで、子供の成長を長期的な視点で捉えながら、家族の優先事項について考えを深めさせることを意図している。

■Q1. 子育てや家事における夫婦の分担を考えてみよう。

記入例

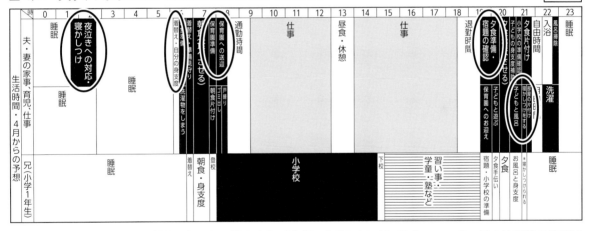

　生活時間で育児にかかる時間が多いが、協力すれば分担できることに気づきたい。一方、兄の放課後の時間は夫婦のどちらも手が空いていないためどのように対応するか、エキスパート後に他のメンバーと共に話し合いたい点である。また、育児に必要な内容の表を見ると、いずれも「1か月あたり1日程度」必要となる。育児のための制度の活用や、夫婦で分担協力して仕事を休めるように工夫する必要があることに気づきたい。

■Q2. 所定労働時間短縮の措置を利用した場合のメリット、デメリットを考えてみよう。

メリット	デメリット
例　短縮措置をすることで、子どもの送り迎えや家事にゆとりが持てる。また放課後の子どもが一人の時間が減らせる。	例　1か月の給与で考えると、かなり減額されてしまう。短縮措置をどちらが行うかで夫婦の意見が分かれる可能性がある。

【補足】育児に関する休業制度は厚生労働省HPを参考にした。現在の制度では、3歳未満は所定労働時間短縮の措置、就学前までは子の看護休暇、時間外労働の制限、深夜業の制限などを利用できる。雇用条件や事業所によって利用できる制度が異なる場合があること、今後、制度の更新や変更の可能性があることについても留意したい。

(齋藤和可子)

5 エキスパート資料
妻 はるみ 35歳

来年４月から復職するから、小学生になるけんたの放課後の居場所と１歳になるさくらの預け先はどうしよう。夫と私の帰宅時間は早くても19:30だし…。けんたには好きなことやらせたいな。

Q1. 夫婦ともに仕事からの帰宅時間は 19：30 である。

帰宅時間まで兄と妹の預け先にはどのような施設やサービス等があるだろうか。利用する施設やサービス等を選び、利用料の月額をシミュレーションしてみよう。

〈兄の場合 （14:00〜19:30）〉

（１） 施設

	施設	時間	月額	利用するものに○
1	放課後子ども教室	〜17:00	0 円	
2	公立学童	〜18:00	月 7,000 円	
3	民間学童 (学習指導、習い事等含む)	〜20:00	月 70,000 円	

〈妹の場合 （8:30〜19:30）〉

	施設	時間	月額	利用するものに○
1	認可保育園・認定こども園	7:00〜18:30	月 23,500 円	
1	ファミリーサポート	18:30〜20:00	1000 円/時×22 日 ※2 人目からは半額	
2	認可外保育園	7:00〜20:00	月 56,000 円 ※10,000 円補助あり	

（２） 習い事

	内容	時間	月額(週 1 回)	利用するものに○
1	野球		月 5,000 円	
2	サッカー		月 5,000 円	
3	ダンス		月 8,000 円	
4	スイミング	60 分〜	月 6,000 円	
5	書道		月 3,000 円	
6	ピアノ		月 8,000 円	
7	学習塾		月 7,000 円	
8	英会話		月 12,000 円	

★利用料（月額）のシミュレーション

利用施設・サービス		利用料
兄		円
		円
		円
		円
		円
妹		円
合計	(a)	円

（３） サービス

	施設	時間	月額	利用するものに○
1	ファミリーサポート	〜19:30	1,000 円/時×利用時間 ※2 人目からは半額	

※ファミリーサポート
乳幼児や児童の預かりの援助を受けたい人と援助を行いたい人が会員となり、子育てを助け合う会員組織。保育施設までの送迎依頼可。

Q２． 4月以降の収支から養育費 Q1(a) を捻出できるか計算して確かめよう。不足した場合は家計を見直そう。

【収入】

	月収（手取り）
夫	220,000 円
妻	220,000 円
児童手当	25,000 円
計	(b) 465,000 円

【貯蓄】

貯蓄	1,000,000円

◆児童手当→出産後15日以内に役所に申請
0〜3歳未満：15,000円 3歳〜中学生：10,000円
※生計中心者の所得が所得制限限度額以上の場合は一律5,000円

【支出】

> 不足した場合、それぞれの項目からどのくらい捻出できるか検討しよう。

	支出項目		金額	内訳	捻出金額
実支出	消費支出	①食事	70,000 円	食材 1 日約 2,300 円 × 30 日	円
		②住居	100,000 円	家賃 90,000 円、更新料、管理費　等	円
		③光熱・水道	21,000 円	電気代 7,000 円、ガス代 8,000 円、水道代 6,000 円	円
		④保健・医療・被服	30,000 円	キッチン・トイレ・バス用品、掃除用品、衛生用品、医療費 12,000 円、被服費、おむつ　等	円
		⑤交通通信	52,000 円	通信費 20,000 円、交通費 32,000 円	円
		⑥教育　学費	10,000 円	学費（給食費・教材費・PTA 会費　等）・学習用品 10,000 円	円
		⑥教育　養育費 (a)	円	学童・保育園・ファミリーサポート（　　　　　）円、習い事（　　　　　）円	円
		⑦娯楽	26,000 円	レジャー費　等	円
		⑧その他	40,000 円	夫・妻のお小遣い 20,000 円 × 2 人	円
実支出以外の支出			80,000 円	生命保険・医療保険 10,000 円 × 2 人、学資保険 15,000 円 × 2 人、貯蓄 30,000 円	円
合計			429,000 円 + (a)= (c)　円	★収支の差額　収入 (b)　円 − 支出 (c)　円 =(　　)円	

参照：総務省、家計調査報告 – 2018 年（平成 30 年）11 月分 –

◆家計を見直し、妻の復職後の子育ての工夫を考えよう。

【妻　エキスパート資料の教員用解説】

　現在育休中の妻は、来年復職した際に夫婦の帰宅時間までの子どもの預け先について悩んでいる。この資料では、Q1 では兄と妹の預け先としてそれぞれ利用したい施設やサービス等を検討して利用料をシミュレーションし、Q2 では来年以降の家計を見直しながらその養育費は捻出できるか検討した上で、妻の復職後における子育ての工夫を考えさせることを意図している。

■Q1. 兄と妹の預け先として利用する施設やサービス等の利用料の月額をシミュレーションしてみよう。

　子どもたちにどのような教育をしたいかという親としての思いを考えながら、子育て支援に関するさなざまな施設やサービスについて理解し、それらを利用する場合の費用を把握する。

■Q2. 4月以降の収支から養育費 Q1(a) を捻出できるか計算して確かめよう。

　今後の家計において養育に充てられる費用には限りがあることに気づき、家計のそれぞれの項目における捻出金額を検討しながら子育ての工夫を考える（例：兄に習い事をさせられるように、食費、光熱費、交通費、娯楽を節約し、貯蓄金額を減額する）。

（村上睦美）

月額のシミューレーション（記入例）

	利用施設・サービス	利用料
兄	公立学童	7,000円
	サッカー	5,000円
	ピアノ	8,000円
	英会話	12,000円
	ファミリーサポート	33,000円
妹	認可保育園・認定こども園 ファミリーサポート	45,500円
合計		(a) 110,500円

【支出】（記入例）

	支出項目		金額	内訳	捻出金額
実支出	消費支出	①食事	70,000 円	食材 1 日約 2,300 円 × 30 日	5,000 円
		②住居	100,000 円	家賃 90,000 円、更新料、管理費　等	円
		③光熱・水道	21,000 円	電気代 7,000 円、ガス代 8,000 円、水道代 6,000 円	2,500 円
		④保健・医療・被服	30,000 円	キッチン・トイレ・バス用品、掃除用品、衛生用品、医療費 12,000 円、被服費、おむつ　等	円
		⑤交通通信	52,000 円	通信費 20,000 円、交通費 32,000 円	5,000 円
		⑥教育　学費	10,000 円	学費（給食費・教材費・PTA 会費　等）・学習用品 10,000 円	円
		⑥教育　養育費 (a)	110,500 円	学童・保育園・ファミリーサポート（78,500）円、習い事（27,000）円	27,000 円
		⑦娯楽	26,000 円	レジャー費　等	15,000 円
		⑧その他	40,000 円	夫・妻のお小遣い 20,000 円 × 2 人	10,000 円
実支出以外の支出			80,000 円	生命保険・医療保険 10,000 円 × 2 人、学資保険 15,000 円 × 2 人、貯蓄 30,000 円	10,000 円
合計			429,000 円 + (a)= (c) 539,500 円	★収支の差額　収入 (b) 465,000 円 − 支出 (c) 539,500 円 =(−74,500)円	

5 エキスパート資料

兄 けんた 5歳

来年4月から小学校入学。学校が終わってから7時半まで何して過ごそうかな？

1年生になったら、(14：00〜19：30) はどのように過ごしたらよいのだろうか。

小学生（低学年）の過ごし方の例

7:45AM 登校　14:00PM 下校　学童保育　自宅　学童で遊ぶ　ゲーム　習い事　19:30PM お母さん・お父さん帰宅

Q1. 平日、放課後の時間を自宅で過ごす「鍵っ子」か「学童保育」に行くか、メリットとデメリットを (けんたの安心安全・教育・気持ち、親の就労支援など) けんたと親の立場の両方から考えてみよう。

	メリット	デメリット
自宅で過ごす		
学童保育		

どんな放課後の過ごし方があるか詳しく調べてみよう。

	学童保育			その他		
	公立		民間	④習い事・塾 (ひとりで通えるもの)	⑤自由に過ごす	⑥ファミリー サポート
	①放課後 子ども教室	②公立学童	③民間学童			
対象	公立学校の児童全員	親が働いている10歳未満対象が多い	親の就労有無制限なし	希望者（興味に合わせて選択）	希望者	希望者
場所	空き教室	空き教室 民間住宅など	民間ビルなど	カルチャーセンター、塾、グラウンド、スポーツジム	自宅、公園や広場、友達の家、図書館	ファミリーサポーターの家
預かり時間 または 活動時間	17時まで（季節や自治体によって異なる） （早退可）	18時までが多い （早退可）	20時まで （休み中は朝から） （早退可）	ひとつの習い事あたり1〜2時間	特になし	親が帰宅するまで
過ごし方	自由に過ごすことが多い	自由に遊ぶことが多い	宿題や学習指導や習い事もあり	曜日によって習い事を変えることもできる	宿題、鬼ごっこ、ゲーム、TV、パソコン、遊具	大人の監督のもと宿題をやったり自由に過ごす
利用料金 など	無料 （イベント時の工作費100〜200円）	月 7,000円 （おやつ代込み）	月 70,000円	（週1回の場合） 書道　　　月 3,000円 ピアノ　　月 8,000円 サッカー　月 5,000円 野球　　　月 5,000円 ダンス　　月 8,000円 スイミング月 6,000円 学習塾　　月 7,000円	無料 お小遣いが必要な場合もある	1,000円／時間 （2人目以降は半額）

Q2. 平日5日間どのように過ごしたいか表から選んでみよう。また、選んだ理由や1か月にかかる費用も書こう。

	15時	16時	17時	18時	19時	選んだ理由	費用／月
月							
火							
水							
木							
金							

【兄　エキスパート資料の教員用解説】

　けんたの母は、現在、妹さくらの育児休業中で家にいる。来年の4月には仕事に復帰する予定である。けんたは4月から小学校に入学することをとても楽しみにしている。しかし1年生は下校時刻が早く午後2時ごろには帰宅する。けんたは共働きの両親が帰宅する午後7時30分までの長い時間をどのように過ごしたらよいかという課題を抱えている。この資料のQ1では、けんたの放課後の過ごし方を自宅などで自由に過ごす場合と学童保育に通う場合のそれぞれのメリットとデメリットを比較する。けんたと両親の両方の立場から検討することにより、小学1年生の安心安全な過ごし方について考えを深めることを意図している。Q2では放課後の過ごし方の様々な例を参考にして、どんな過ごし方があるのか自由にシミュレーションする。安全で充実した時間を過ごすことの大切さに気づかせる事を意図している。

■Q1．平日、放課後の時間を自宅で過ごす「鍵っ子」か「学童保育」に行くか、メリットとデメリットを（けんたの安心安全・教育・気持ち、親の就労支援など）けんたと親の立場の両方から考えてみよう。

	メリット（例）	デメリット（例）
自宅で過ごす	・誰にも邪魔されないでゆっくり過ごせる（けんた） ・大好きなゲームをいつでも自由にできる（けんた） ・好きな友達と自宅で自由に遊ぶことができる（けんた） ・やりたくないことはやらなくてすむ（けんた） ・特にお金はかからない（親）	・遊ぶ友達がいないときはつまらない（けんた） ・何をしたらよいかわからないときがある（けんた） ・ゲームばかりしていると健康に悪い（親） ・危険な遊びや悪い遊びをしないか心配（親） ・宿題をひとりではできない（親）
学童保育	・いろいろな友達と遊ぶことができる（けんた） ・ドッチボールやサッカーができる（けんた） ・宿題を終わらせてから帰宅する（親） ・指導員の先生がいるので危険なことがなく安心（親）	・一人で過ごしたいときは周りがうるさい（けんた） ・自分がやりたいことができないときもある（けんた） ・お金がかかる場合もある（親） ・学童で遊び疲れて帰ってからすぐに寝てしまう。（親）

■Q2．平日5日間どのように過ごしたいか表から選んでみよう。また、選んだ理由や1か月にかかる費用も書こう。

　様々な理由に基づいた自由なシミュレーション活動を通して、両親の勤務時間が長い場合、子育てにどのような課題があるのかについても気づきたい。

どんな放課後の過ごし方があるかシミュレーション例

	15時	16時	17時	18時	19時	選んだ理由	費用／月
月	②公立学童保育			⑥ファミリーサポート		②費用が安く預かり時間も長い。 ④スポーツをやりたいというけんたの希望がある。 ⑥まだ1年生なので安全を第一に考えた。	② 7,000円 ④ 6,000円 ⑥ 33,000円 （22日）
火				⑥ファミリーサポート			
水	②公立学童保育		④スイミング				
木				⑥ファミリーサポート			
金				⑥ファミリーサポート			

（新山みつ枝）

> 来年4月から、ママやパパがお仕事でいない
> 8:30〜19:30の間、どう過ごそうかなぁ。
> もし病気になってしまったら、どうしよう？

Q1．わたしは、4月からどんな施設で日中過ごすことになるのかしら・・・？　以下の表をよく読み、認可保育園に入所できた場合と認可保育園に入所できなかった場合の比較をしてみよう。

	認可	無認可	
	認可保育園／認定保育園	認可外保育園	ファミリーサポート
特徴	保育士の人数や園庭の広さ等は国の設置基準に基づいている。保護者の就労、病気等のため、家庭で保育できない保育者に代わって保育する施設。自宅近くか、職場近くで探すことになる。＊都心部ほど落選率が高い。2018.4全国平均は26％である。	就労していない保護者でも利用できる。保育環境は園によって様々である。中には保育士の人数が不足したり園庭が無い所もあるが、時間外の融通が利き、病後児保育がある所もある。また英語教育などに特化した特別なプログラムがある所もある。	子の送迎や短時間のみの預かり等に対応してくれる。事前登録が必要。保育士の免許は問わないので子育て経験者がサポートしてくれる。軽度の病気は受け入れ可能である。ただし、スタッフが少なく常に利用できるとは限らない。
対象年齢	0歳〜就学前まで	0歳〜就学前まで	年齢を問わない　小学生も受け入れ可能
預かり時間	7:30 〜 18:30	7:00 〜 20:00	応相談　6:30 〜 22:00　1時間〜可能
保育料	年間所得700万円では23,500円／月(0〜3歳未満)16.500円／月(3歳以上)	年間所得に関わらず60,000円／月(0歳児)56,000円／月(1歳児3歳未満)50,000円／月(3歳児以上)10,000円／月の補助あり。	1,000円／時

※ 2019年10月より3歳以上の保育料が無償になった。(3.7万円まで)

	＜認可保育園に入所できた場合＞		＜認可保育園に入所できなかった場合＞	
時間	8:30 〜 18:30	18:30 〜 19:30	8:30 〜 18:30	18:30 〜 19:30
預け先	認可保育園／認定こども園			
費用(1か月)				

＜上の2つの場合を比較して、気づいたことを下記に書いてみよう。＞

気づいたこと	

Q2．乳幼児は病気にかかりやすく(以下の表)、風邪等感染性の病気等になった時は、集団保育には預かってもらえない。どこで過ごせばよいのだろうか？その場合、費用はいくらかかるのか調べてみよう。

病後児保育（急性期を過ぎたが感染の疑いで通常保育に預けられない場合に預かってもらえる。）	ベビーシッター
保育施設及び幼稚園に通所しているお子さん対象。午前8時30分から午後5時。4時間以内：2,000円 8時間以内：4,000円、8時間以上：15分毎に500円。一日に4人まで　当日空き具合で先着順	当日でもネットや電話で依頼可能。保育士の資格は問わず子育て経験豊富な方もシッターとして活躍。料金2,000円／時〜。入会金、年会費も別途かかる場合もあり。

乳幼児が病気になる頻度・種類・治癒に必要な日数

種類：水疱瘡・風疹・流行性耳下腺炎・インフルエンザ等
頻度：1〜2か月に1回は罹患。保育所入所後、家庭内より罹患しやすくなる。
平均治癒期間：5日から7日（例：インフルエンザは発症後5日間、解熱後2日間）

両親ともに会社を休めない時、もし急な感染症のために、いつも通っている保育園を5日休まなければならなくなったら・・・どんな対応があるだろうか。また、どのくらいの費用がかかるか。

＿＿＿＿＿＿＿＿＿＿＿に＿＿＿＿＿日間（＿＿＿＿時間）預けると

＿＿＿＿＿＿＿＿＿＿＿円かかる。

　社会の変化により、共働き家庭やひとり親世帯の増加など、保育のサポート支援を必要としている家庭は年々増え続けている。一方で、その受け皿が不足している待機児童問題は都心部を中心にまだ解消されていないのが実情である。この資料のＱ１では認可保育園に入所できた場合とできなかった場合とに分け、さくらの預け先についていろいろな視点から検討することを意図している。Ｑ2では、いつも通っている保育園に預かってもらえない場合の例として病児、病後児保育について、乳幼児の子育てに関する社会のサポートのしくみについて考えさせることを意図している。なお、2019年3月からは、3歳以上の保育料が無償になっているが、さくらは3歳未満なのでその対象ではない。

Q1. 認可保育園に入所できた場合と認可保育園に入所できなかった場合の比較をしてみよう。

	認可保育園に入所できた場合		認可保育園に入所できなかった場合	
時間	8:30～18:30	18:30～19:30	8:30～18:30	18:30～19:30
預け先	例)認可保育園/認定こども園	例)ファミリーサポート	例)無認可保育園	例)無認可保育園
費用	例)23,500円/月	例)1,000円/時	例)56,000円/月	例)0円
備考	保護者の収入によって、また子の年齢によって異なる。	表にはないがベビーシッターや保育ママも例としてあげられる。	子の年齢によって異なる。	延長料金がかかる所もある。

気づいたこと
例)認可保育園は無認可保育園より保育料が安い。認可保育園は閉所時間が早いため、その後の1時間分の預け先を考えなくてはならない。無認可保育園ではオリジナルの保育プログラムを持っている。ファミリーサポートは安くて小学生も利用できるが、スタッフが少ない。必要な時に利用できるとは限らないので、利用できない時の対応も考えておく必要があると思った。

　待機児童という言葉はよく知っているが、エキスパート資料にあるように保育園には様々な種類があることや特徴が異なることについてはあまり知らない。それぞれの特徴を把握し、各家庭の状況に応じた施設選択ができるようになりたい。補足資料1のように厚生労働省では保育サービスの質を確保する観点から児童福祉施設最低基準を設けており、認可保育園はその基準に基づき整えられている。また、補足資料2に示したように保育園内での事故件数は認可外保育園の方が多いというデータもあり保育施設を選択する際にはしっかりと中身を確認する必要があることにも気づきたい。

補足資料1　【児童福祉施設最低基準による保育士の配置人数と設備の設置基準について（抜粋）】

0歳児	3人に保育士1人（3：1）	＜設置基準＞
1・2歳児	6人に保育士1人（6：1）	0,1歳児を入所させる保育所について
3歳児	20人に保育士1人（20：1）	乳児室の面積→1.65㎡以上/人　ほふく室の面積→3.3㎡以上/人
4歳以上児	30人に保育士1人（30：1）	ほふく室とは、乳児がはいはい等自由に動き回れる場所のことである。

・保育士の他、嘱託医および調理員は必置
・調理業務を全て委託する場合は、調理員を置かなくても可

補足資料2　【認可保育所・認可外保育施設別の死亡事故の報告件数】

	認可保育所	認可外保育施設	合計
平成16年～26年の合計件数	50件	110件	160件

(補足資料1,2ともに厚生労働省ホームページより)

Q2. 乳幼児は病気にかかりやすく、風邪等感染症の病気等になったときは、集団保育には預かってもらえない。どこで過ごせばよいのだろうか？その場合、費用はいくらかかるのか調べてみよう。

　乳幼児の感染症へのなりやすさについて理解し、会社を休めない時の対応や休みだけでは対応しきれない場合もあることに気づきたい。例えば、インフルエンザ等の感染症に罹患した場合、発症した後5日を経過し、かつ、解熱した後3日（大人は2日）を経過するまでは、元気になったとしても集団保育には預けられない。その対応策を予め考えておく必要があることに気づきたい。

両親ともに会社を休めない時、もし急な感染症のために、いつも通っている保育園を5日休まなければなければならなくなったら…どんな対応があるだろうか。
ベビーシッターに5日間(50時間)あずけると100,000円かかる。

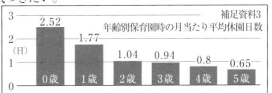

補足資料3　年齢別保育園時の月当たり平均休園日数
(神澤志乃)

6 授業実践例（ワークシートの生徒の記述内容）

＊下記の授業実践を踏まえ、教材は改善を加えています。

（1）家族でみつけた解決すべき問題と解決策

班	問　　　題	解　決　策
1班	① さくらの預け先 ② 家事 ③ けんたの放課後	さくらの預け先を見つける。 けんたを学童に入れる。 家事の分担をして互いの負担にならないようにする。
2班	① お金について ② 子どもの預け先 ③ 家事の分担	節約する
3班	① お金がない ② 兄が放課後1人になる ③ 妻だけで家事が大変	兄を学童に入れる 家事を夫と分担する
4班	① さくらの保育園 ② お金 ③ けんたの放課後	祖父母に引っ越してきてもらい一緒に住む

（2）エキスパート活動で役割ごとに収集した情報

役割	収集した情報
父	・水道、光熱費などを節約する。お小遣いを減らす ・夫は土日休み、妻は月火休みなど必要に応じて有休も使う ・息子には英才教育を与え水泳を習わせる。 ・毎月貯金5000円はできるようにやりくりする
妻	・所定労働時間の短縮の利用で8時間→6時間へ ・「さくらの着替え、自由時間、夕食、お風呂、寝かしつけ」は夫に頼む ・育児に関する休業制度を利用する ・この看護休暇で1年に10日まで休暇取得が可能
兄 けんた	・週に1回放課後子ども教室へ、残り4日は自由に過ごす ・週に2回くらい習い事に行き、他の日は児童館や友達の家に遊びに行く。 ・安全面を考えると学童保育もいい。 ・民間の学童は高額、習い事は1～2時間しかいられない。
妹 さくら	・認可保育園、無認可保育園は長く見てくれるけど保育料は高い ・認可保育園は落選率が26％ ・保育ママは安いけど時間が短く、母が帰ってくる19:00までの延長がない ・認可保育園の申請をする。1時間長く預かってもらって、送り迎えを母がする。 ・病気にかかった場合は夫婦のどちらかが仕事を休みその後、病後児保育に入れる。

（3）ジグソー活動で元の家族に戻って、エキスパートで得られた情報を基に話し合った問題解決策

班	問題解決策	理　由
1班	・保育ママの利用または保育園がついている会社への転職 ・兄を放課後子ども教室へ預ける ・家事は分担、妻は短時間勤務制度を利用する	・予算に間に合う（54000円のうち30000円） ・費用がかからず預けられる（イベント代は別） ・共働きだからどちらかに任せないようにする、2時間早く帰れれば妹の迎えなどの家事に余裕ができる
2班	・けんたは、週4日自由に過ごし週1日は放課後子ども教室のイベント参加 ・さくらは認可保育園に通わせ、けんたが迎えに行く ・太郎は出世を目指す。お小遣いは減らす。また、掃除、洗濯をする。 ・ももこのお小遣いも減らす。家事は料理系を主に担当する。	・けんたはイベントの時にのみ費用がかかるが、それ以外は無料で利用できる。 ・さくらを認可保育園に通わせるために、太郎とももこはお小遣いを減らす。
3班	・さくらは3歳までは月3万円の保育ママ、そこから就学前までは月65000円の認可保育園 ・けんたは学童とスイミング（5000円＋6000円）に通わせる ・夫と妻で家事分担をする ・家計を見直して、経費削減と貯金をする	収入状況を見て、なるべく安く済ませる最善のプランと思った 子どもの将来も考えて習い事はさせられる また少しずつ貯金もできるし、子どもに不安も抱かせな
4班	・さくらは保育ママに頼み、ももこは早く帰ってくる ・けんたは放課後子ども教室へ行き、週に1回スイミングへ行く ・お昼ご飯はお弁当を持っていき、たろうのお小遣いはこれまでより－7000円の月8000円にする。 ももこのお小遣いはそのまま15000円とするが、余ったら貯金する。	・まださくらは6か月なので、家に置いておくことはできない。保育ママは20時までで月3万円。 ・放課後子ども教室は0円で、17:00まで預かってもらえる。スイミングは月6000円。

（4）クロストークで全体発表

（ 4 ）班
家族の解決すべき問題は？

お金がたりない。

子供の預け先。

家事の分担。

（ 4 ）班
家族の課題に対する**解決策**は？＋理由

けんた → 週4自由・週1イベント参加（あるときだけ）
　　　　　妹の迎え。　放課後子ども教室
さくら → 認可保育園

たろう → 出世・お小遣い（減）そうじ・せんたく
　　　　　出勤時間早める。
ももこ → 家事分担多め。お小遣い（減）

（5）個人で解決策を振り返り

生徒	記　述　内　容
A	自分たちの班は、けんたにお手伝いをしてもらうという点と、さくらの成長後についてをあまり考えられていなかったので、他の班の案を聞いていいと感じた。また、節約の仕方によっては、けんたに習い事をさせてあげたり、さくらの預け先を変更することが分かったので、工夫して節約するべきだと思った。
B	実家に頼るのはいいが、一緒に住むのはリスクが大きいと思った。祖父母の暮らしている現状の可能性をもっと考えなくてはいけなかったように思う。また、今回の授業を通して、「もし自分がこの家族の一員だったら」と、とてもリアルに考えることができた。これからもっと将来について考えていきたい。
C	自分たちの班は現実的には難しいことが多いのではないかと思った。お金はお小遣いや習い事の制限で節約し、貯金すべき。保育1つについてだけでも、保育ママや祖父母など様々な意見があり驚いた。母親の労働時間短縮などもうまく使い、うまく組み合わせればもっと問題を解決していけると思った。
D	保育ママは送り迎えの時間などを考えると60000円程してしまうので、比較が大切だと思う。 子どもの保育費は高く、しかしとても大切だと思った。もっと税金を他の使い方をすることができないのかと思う！！
E	子どもが成長するにつれて教育費も高くなっていく。その場しのぎの解決策ではいつか行き詰ってしまうので、5班の未来を見通して今から貯金しておくというのは盲点であった。けんたにあまり頼りすぎず、両親の中でなるべく問題を解決することも大切であると感じる。
F	自分たちの班は、子どもの負担をあまり考えられていなかった。 どうしようもない状況に思えたが、案外（自分たちが知らないだけで）このような家庭が多いのではないかと思った。
G	こういうことを気にしないでいられるぐらい稼いで生活したいが、僕の場合、おばあちゃんが近くに住んでいたおかげで親の負担がかなり楽になっていたと実感した。

7　授業における生徒の学び

　子育てや家計のやりくりをめぐる家族の葛藤について、当事者意識をもって考える様子がみられた。今回の家族の事例では、限られた収入と時間の中で、優先して解決することは何かを話し合いを通して深く考えられるかがポイントとなる。

　自分の育った経験や社会的なイメージなどから、夫の出世を期待する案、妻が子どもと過ごせるような転職、また祖父母に全面的に頼るなど、安易な解決案もあった。しかし、その場限りの解決策ではなく、子ども達の将来のことまで考えることができた班は、家計のやりくりを工夫してアイディアを出していた。クロストークにおいて多様な解決策が出たことにより、自分の班の案を再考し、最終的に比較検討して考えを深められた生徒も多かった。

　この授業を通して子育てにかかる費用、関連する制度等を学べると共に、自分自身の家族関係、これからの自分のライフプランについても考えるきっかけとなったようである。

（齋藤和可子）

「子育てにどう対処するか!!」

1. 家族の役割分担　□人家族　□人 夫　□人 兄　□人 妹（　　）

2. ロールプレイングを通して、自分の役割からの思い（感じたこと、どうしたいこと）を書こう。

   役割に〇　夫　妻　兄　妹
   母親と接することに対する不安・恐怖

3. 家族一人一人の役割からの思いを発表し合い、家族の課題（解決すべき問題）をあげよう。
   また、課題解決の優先順位を記入しよう。

   家族の問題
   ◎ 夫（教育費）
   ◎ 妻（　）
   ◎ 全員（仕事の両立）

   →優先順位（ 2 ）位
   →優先順位（ 1 ）位
   →優先順位（ 3 ）位

4. 3であげた課題について、家族の思いを大切にして、可能な課題解決策を話し合おう。

5. 同じ役割で集まり、資料を参考に課題解決に向けて考えられることを整理しよう。

6. 元の家族で集まり、それぞれの役割で得られた課題解決の情報を共有、資料を示しながら家族に説明しよう。
   （役割ごとの情報のメモを取る）

7. 家族で得られた情報を基に、3つあげられた課題それぞれの課題を具体的にどう解決するのか解決策を話し合おう。
   また、なぜそうするのか理由も考えよう。

家族の問題	① お金のやりくり / ② 教育費 / ③ 仕事との両立
解決策	① 教育関係以外はできる限り節約する（家計）・・・光熱費の節約 ② 兄・妹・・・認可保育園 自動の保険をかけていく ③ 夫も家事を担当する/体力の余裕がない
理由	

8. 各班の家族の課題解決とその理由を発表し合い、思ったこと・工夫されていることなどのメモをとろう。

9. 他の班の発表を聞いて、自分たちの解決策は本当に良かったのか振り返ろう。もっと別の解決策の方がよかったのか考え、授業を通して考えたこと、思ったことを記述しよう。

自己評価

	Aできた	Bまあまあできた	Cできなかった
① 役割になって考えることができたか			
② 家族に自分の役割を伝えられたか			
③ 家族で協力して問題解決の解決策を決定できたか			

介護 ―祖父の介護にどう対処するか‼―

扱う内容：高齢期、介護保険制度、介助、住宅のバリアフリー

1 授業開発の視点

　高校家庭科では、各ライフステージの特徴と課題を理解することが求められているが、高齢期は高校生にとっては遠い先のことであり、興味を持ちにくい。高校生の将来に対する意識調査（11頁図3）では、「老後の世話や介護で苦労する」45.3％、「老後の生活に困る」33.1％で、高齢期に対する課題意識は低い。高齢化の進展で介護施設は不足し、在宅介護は老老介護、高齢者虐待など社会問題となっている。高齢者の自立生活を支えるために、介護保険制度の活用や地域包括ケアは欠かせないが、高校生に実感を伴って理解をさせるのは至難の業である。そこで、介護の課題や介護保険制度の活用が理解できるように、ロールプレイングで家族になって要介護3の祖父の介護にどう対処したらよいのか問題解決をすることにした。

2 本時の概要と授業設計

（1）本時の概要

　1班4人グループで、高校生（17歳）、共働きの父（47歳）母（47歳）、脳梗塞で入院している祖父（75歳）の家族4人の役割を分担し、ロールプレイングで問題を解決していく。要介護3で車いすの祖父が退院して在宅介護を始めるに当たり、どんな介護が必要か昼間誰もいないときはどうするのか、家のリフォーム、介護保険制度のサービスの利用方法など具体的に家族で考えて解決しなければならない問題が山積みである。

　本授業では、高校生が実感を伴って介護が理解できるように大好きな祖父の在宅介護を始める設定にした。エキスパート資料では、高校生は「要介護3で必要な介助」を家族の生活時間から考えて家族の協力と限界を知り、父は車いすで生活するために必要な自宅のリフォームを平面図から考えて必要経費と補助金制度を知り、母は介護保険制度のサービス利用等にかかる経費から家計管理を考え、祖父は在宅での自立支援を支える介護保険サービスを利用した1日の生活をシミュレーションする。そして、ジグソー活動で家族が得た情報を持ち寄り発表し合うが、高校生→父→母→祖父の順番で発表することでそれぞれがつながり理解が深まるように工夫している。

（2）授業設計

家族を役割分担 →ロールプレイ →当事者になって、思いや問題を書く →家族で思いを言い合う。	1班4人	高校生（薫） 17才	父（久雄） 47才	母（礼子） 47才	祖父（正吉） 75才
	家族の状況	将来はエンジニア、大学進学希望。おじいちゃん子。	年収400万円。貯金300万円（進学資金等）。戸建て築35年の2階建（祖父の家）。	年収400万円。家計管理。貯金月5万円。	（要介護3）。年金手取り15万円。退職金はローン返済に充てたため、貯金は100万円（葬式代）

解決すべき生活問題は何か？ →家族で、問題解決策を考える	班で家族の問題をみつける	脳梗塞で入院していた祖父が戻ってくる。 （要介護3、左半身不随のため車いす、介助食）。			

（移動）…同じ役割で集まる

エキスパート活動 （同じ役割が集まって、その立場での解決策の情報を得る） →考えることを2つ具体的に示す ※Q1、Q2 作業や記入する枠を設ける。	問題解決につながる情報の選択肢を用意。一緒に作業ができるような内容。 →ジグソーで持ち帰ってどれが良いか家族に説明して決められるような……	高校生（薫） 17才	父（久雄） 47才	母（礼子） 47才	祖父（正吉） 75才
		Q1 祖父にどの程度の介護が必要か考えよう。 **資料**：要介護3程度の祖父の状況	**Q1** バリアフリーのリフォームを考えよう。 **資料**：平面図、風呂、玄関、トイレなどのリフォーム費用	**Q1** 介護保険を利用して、祖父の介護にどのくらいかかるか、祖父の年金で賄えるか。 **資料**：1月分の介護費用例、祖父の年金の使途	**Q1** 介護保険を利用した1日の過ごし方を見て、メリット、デメリットを考えてみよう。 **資料**：介護保険、例：通所S利用日の生活時間と1日分費用
		Q2 家族の生活時間を見て、家族の誰が祖父の介助が可能か。誰がするのか？ **資料**：家族全員の生活時間	**Q2** Q1のリフォーム費用を、補助金制度を利用して自己負担額を計算してみよう。 **資料**：補助金制度	**Q2** Q1の介護費用の不足分を家計の支出を見直して、捻出してみよう。 **資料**：家計の収支	**Q2** 平日22日間の介護計画（組み合わせ）を考えてみよう。 **資料**：通所Sと訪問S（入浴、リハビリ）で22日分の計算

（移動）…元の班に戻る

ジグソー活動 （元の家族に戻って、建設的に持ち寄った知識を活かして問題解決策を考える）	班で家族の問題解決	得た知識・情報を発表し合う →エキスパートで持ち寄った問題解決の選択肢をどうするか。 →建設的相互作用で、家族の問題解決策を考える 　問題解決の優先順位 →なぜ、そうするのか、理由も考える

クロストーク （解決策をクラスで発表する。）	全体で発表	班の家族の問題解決策を発表する →なぜ、その問題解決策にしたのか、根拠を説明する

個人で解決策を振り返り （個人で解決策を評価する）	個人で問題に向き合う	個人で、決定した問題解決策でよかったのか、解決策を評価する。 →実際の生活で、問題が起きたときの解決策や対応を考える。

（野中美津枝）

3 ロールプレイング【祖父の介護にどう対処するか!!】

（1） あらすじ

　高校2年生の薫は、両親と祖父の4人家族。両親は仕事も家族と過ごす時間も大切にしたいとの思いから、今の職場を選んで働いている。両親が共働きなので薫は、子どもの頃は祖父に可愛がられて育った。先々月、そんな祖父が脳梗塞★で倒れて病院に運ばれた。命に別状はなかったが左半身に麻痺が残り、今はリハビリ病院に転院してリハビリを受けている。自力歩行は難しく車いすを使っているが、症状が安定してきたので近々退院する予定である。現在の身体状態は、寝返りとスプーンや箸を使うことは何とか一人でできるが、車いすへの乗り移り、トイレ、着替え、入浴は介助が必要である。食べ物を飲み込む機能も落ちているので食事は、柔らかい物にし、飲み物や汁物にはとろみをつけている。誤って食べ物が肺に入ることも考えられるので食事中の見守りが必要である。（要介護3レベル）。

（★脳梗塞：脳の血管が詰まる病気。血管が詰まるとその先に血液が流れなくなり、脳細胞が壊死し、さまざまな障害が起こる。）

（2） 役割

高校生（薫）17歳	父（久雄）47歳	母（礼子）47歳	祖父（正吉）75歳
高校2年生の薫は、吹奏楽部に所属。副部長として毎日練習に明け暮れている。将来はエンジニアになってロボット製作に携わりたいので、ロボット工学や電子制御が学べる大学に進学したいと思っている。両親が共働きのため、薫はおじいちゃん子で育った。	家事も担いつつスーパーでバイヤー（仕入・物流担当）として、商品納入業者との渉外に当たっている。少子高齢化の影響もあってか、会社の業績が少しずつ悪化。年収は400万円。それでも薫の進学資金は300万円積み立てている。	家事を担いながらフルタイムで保険の外交の仕事をしている。先方の都合で夜仕事に出ることもある。年収は400万円。会社の社会保険は完備している。更年期に入り体調がすぐれないが、今も外回りの仕事を頑張っている。	久雄の父。長年コツコツと働き35年前に今の戸建住宅を購入した。退職金のほとんどを住宅ローン残高の返済にあてたため、貯蓄は100万円のみ。本人は自分の葬式代だと言っている。2か月前に脳梗塞で倒れ、今は病院で治療とリハビリを受けている。年金月額：手取り15万円。

（3） ロールプレイング

《第1話》

★祖父（正吉）の病室に父（久雄）がやってくる。

父（久雄）：今主治医の先生と話をしてきたよ。病状がだいぶ安定してきたので、近々退院できるだろうという事だ。よかったな。

祖父（正吉）：こんな体で家に帰っては皆に迷惑をかけてしまうな。トイレやお風呂は助けてもらわんといかんし。施設に入ることも考えたがやっぱり家が一番だな。早く家に帰りたい。それから、一人で歩けるように家でもリハビリが続けられないものかな。

父（久雄）：わかった。それができるように考えてみるよ。
　　　　　これまで懸命に働いてきたんだから、やりたいことができるようリハビリをしような。カラオケの友達や居酒屋の常連さんたちも父さんが戻ってくるのを待っているよ。

祖父（正吉）：何だか元気が出てきたな。リハビリを頑張って少しでも体を動かすことができるようにせねばな。
　　　　　　早く酒も飲みたいしなあ。

父（久雄）：お酒は先生の許可が出るまでおあずけだよ。

祖父（正吉）：しかし、昼間は家には誰もおらんし、介護保険っていうのを使ったらいいのかな。
　　　　　　でもどんなサービスが受けられるか分らんし心配だな。わしの年金だけでまかなえるんじゃろうか？

《第2話》

★夜8時、居間で薫と母（礼子）が食事をしている所へ父（久雄）が帰ってきた。

父（久雄）：おじいちゃんが近々退院できるぞ。おじいちゃんは施設に入ることも考えたようだが、できれば家
　　　　　　で暮らしながらリハビリを続けたいそうだ。だからここで暮らすためのサービスを探してみるつも
　　　　　　りだ。

高校生（薫）：おじいちゃんには早く帰ってきてほしいな。いないとつまらないし。

母（礼子）：でもそんなことが本当にできるの？家は昼間だれもいないし、トイレや食事の見守りはどうするの？
　　　　　　それだけのサービスを受けるには、介護保険のサービスを使ってもどのくらいお金がかかるのかよ
　　　　　　く調べなくちゃね。
　　　　　　それに、我が家は古くて段差があるから車いすは厳しいと思うわ。

高校生（薫）：家庭科の授業でバリアフリーを習ったよ。家をリフォームして車いすでも生活できるようにすれ
　　　　　　ばいいと思うよ。

父（久雄）：バリアフリーのリフォームってどれくらいお金がかかるんだろうか。

母（礼子）：どの程度改修するかによるけど、かなりかかるでしょうね。

父（久雄）：資金は大丈夫かな。

母（礼子）：いろいろな補助金制度もあるようだけど、おじいちゃんがこの家で暮らせるようなリフォームがど
　　　　　　こまでできるか家計との相談ね。

父（久雄）：我が家は共働きだし薫も高校に行っているし、昼間は誰もおじいちゃんの世話をすることができな
　　　　　　いからな。介助は夜も必要だしいろいろなサービスを受けても家で暮らせるかどうかは調べてみな
　　　　　　いと分からないな。

高校生（薫）：じゃ、みんながどのように介助を分担したら、おじいちゃんがこの家で暮らすことができるか考
　　　　　　えてみる。勉強も部活もあるけど大切なおじいちゃんのために頑張るから。

（坪内恭子）

4　ワークシート

「祖父の介護にどう対処するか!!」　年　　　組　　　番　　　名前

1．家族の役割分担（　　　）班；薫（　　　　　）、父（　　　　　）、母（　　　　　）、祖父（　　　　　）

2．ロールプレイングを通して、自分の役割からの思い（感じたこと、どうしたいか）を書こう。

役割に○	（　　　）薫	
	（　　　）父	
	（　　　）母	
	（　　　）祖父	

3．家族に自分の役割からの思いを発表し合い、家族の課題（解決すべき問題）をあげよう。
　　また、課題解決の 優先順位を記入しよう。

家族の問題	1．祖父の介護（昼間、夜間）をどうするか 2． 3．	→優先順位（　1　）位 →優先順位（　　）位 →優先順位（　　）位

4．3であげた課題について、家族の思いを大切にして、可能な課題解決策を話し合おう。

5．同じ役割で集まり、資料を参考に課題解決に向けて考えられることを整理しよう。

役割に○	（　　　）薫	
	（　　　）父	
	（　　　）母	
	（　　　）祖父	

6．元の家族に戻り、それぞれの役割で得られた課題解決の情報を、資料を示しながら家族に説明しよう。
　　発表順は、薫→父→母→祖父（役割ごとの情報のメモを取る）

説明した人の役割に○	（　　　）薫	
	（　　　）父	
	（　　　）母	
	（　　　）祖父	
	（　　　）薫	
	（　　　）父	
	（　　　）母	
	（　　　）祖父	
	（　　　）薫	
	（　　　）父	
	（　　　）母	
	（　　　）祖父	

7. 家族で得られた情報を基に、3であげたそれぞれの課題を具体的にどう解決するのか解決策を話し合おう。
   また、なぜそうするのか理由も考えよう。

家族の問題	1.祖父の介護（昼間、夜間）をどうするか	2.	3.
解決策			
理由			

8. 各班の家族の課題解決策とその理由を発表し合い、思ったこと・工夫されていたことなどのメモをとろう。

1班		2班	
3班		4班	
5班		6班	
7班		8班	
9班		10班	

9. 他の班の発表を聞いて、自分たちの解決策は本当に良かったのか個人で振り返ろう。もっと別の解決策の方がよかったのではないかなど、授業を通して考えたこと、思ったことを記述しよう。

自己評価	①その役割になって考えることができたか	Aできた、 Bまあできた、 Cできなかった
	②家族に自分の役割の解決策を伝えられたか	Aできた、 Bまあできた、 Cできなかった
	③家族で協力して問題解決策を決定できたか	Aできた、 Bまあできた、 Cできなかった

5 エキスパート資料
高校生 薫 17歳

> 大好きなおじいちゃんと一緒に暮らしたい！
> そのためにどのようにすればいいのかな？

Q1．祖父（正吉）の状況を読んで、何にどの程度の介助が必要か考えてみよう。

Q1-1 正吉の状況を確認しよう。

左半身が麻痺しているため、退院後の家での生活は以下のような状況になる

①**食事**は、スプーンや箸を使うことはできるが、嚥下（飲み込む）機能が弱いため、食事づくりの工夫と誤飲防止の見守りが必要
②**車いすの移乗**には全介助が必要
③**洗面や歯磨き**は行うことができるが、車椅子の移乗を伴うので全介助が必要
④**トイレ**には車椅子の移乗を伴うので全介助が必要
⑤**家の中の移動**（浴室・リビングなど）は車椅子の移乗を伴うので全介助が必要
⑥**入浴**は全介助が必要
⑦**衣服の着脱**については一部介助が必要
⑧**外出**は車いすのため全介助が必要
（リハビリのためにも、**適度な運動や人との交流や会話**も大切であるが、内容によっては介助や見守りが必要）

Q1-2 左の状況を見て、表に○をつけよう。
【介助の必要性チェック表】

活動内容	全介助	一部介助・見守り
①食事		
②車いすへの移乗		
③洗面・歯磨き（車いすへの移乗）		
④トイレ（車いすへの移乗）		
⑤室内移動（車いすへの移乗）		
⑥入浴		
⑦着替え		
⑧外出		

Q2．祖父（正吉）の生活時間を見て、介助について考えみよう。

右上の【介助の必要性チェック表】の項目を、下の祖父の生活時間に網掛けで示している。各項目の介助を誰が出来るだろうか。※の欄に可能な箇所に○を、生活時間を工夫すると可能になる箇所に△を、全く不可能な箇所に×をつけてみよう。

●家族の生活時間

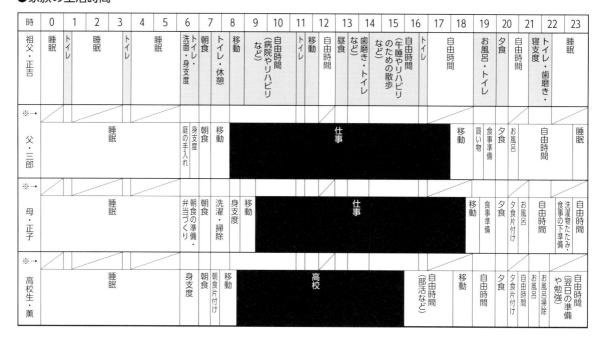

正吉に必要な介助を踏まえて、具体的にはそれぞれの介助を誰がするか？
（トイレ、お風呂、食事など）できない時間と内容も確認しよう！

【参考】
・民間介護サービス：1時間 2,000円～ 4,000円
・家事代行サービス：1時間 2,000円～ 3,000円
・夜間対応型訪問介護（22時～ 6時対応可能）
　1回（30分）3,780円
・大人用紙おむつ（30枚）2,600円
・尿用パット（30枚）900円

【高校生　エキスパート資料の教員用解説】

　高校生の薫は、大好きな祖父と一緒に暮らすために、家庭でどのような介護が必要かを理解したいと考えている。介護とは、日常生活の全般の自立を支援する広義の意味で使用されているが、ここでは、具体的な生活行為に対し、支援が必要なことを理解させたいため、「介助」という言葉を用いている。そこで、この資料は、Q1で自宅で過ごすことが可能な範囲の要介護3レベルの状態を生活の行為毎に示し、実際に家庭生活を送るときに、生活の一つ一つの場面において、介助が必要であることを理解させることを意図している。また、Q2の家族の生活時間からは、家族の協力でどこまで祖父（正吉）を支えられるのか、介助できない時間はどうするのかの対策を考えさせることを意図している。

■Q1. 祖父（正吉）の状況を読んで、何にどの程度の介助が必要か考えてみよう。

　Q1-1では、なるべく祖父（正吉）の生活の様子をイメージできるように食事や洗面、歯磨き、入浴などの具体的な生活行為を並べているので、日常生活においてさまざまな場面で介助が必要であることに気づきたい。さらに、読み取った祖父（正吉）の生活の様子をQ1－2のチェック表に○をつけると、右表のようになる。このように、すべての項目に「全介助」か「一部介助・見守り」に○がつくため、祖父（正吉）が家で家族と暮らすには、生活行為のすべてに介助が必要であることを理解したい。

活動内容	全介助	一部介助・見守り
①食事		○
②車いすへの移乗	○	
③洗面・歯磨き（車いすへの移乗）	○	
④トイレ（車いすへの移乗）	○	
⑤室内移動（車いすへの移乗）	○	
⑥入浴	○	
⑦着替え		○
⑧外出	○	

■Q2. 祖父（正吉）の生活時間を見て介助について考えてみよう。

　祖父（正吉）の生活時間の網掛け部分は、介護が必要な生活時間である。また、父（三郎）と母（正子）の仕事で出かけている時間、高校生（薫）の高校に行っている時間は黒地に白文字部分であり、外に出ているために介護ができないことに一目で気づくことができる。

　※のチェック欄には、日中も仕事や学校の時間に×が付き、睡眠の時間に○、その他におおよそ△が付くことになる。家族の生活時間と○×△の記号を見ながら、実際には睡眠の時間に、祖父（正吉）の夜中のトイレの介助を行うことや、起床してから出かける準備の慌ただしい時間に介助を行うことが難しいことにも気づきたい。しかし、家で介助ができずに一緒に暮らせないのではないかとならないように、【参考】の枠の中には、家事代行サービスや大人用おむつについても紹介している。そのため、夜間や外出の際に利用することを思いつくことができる。

　この資料最後の「正吉に必要な介助を踏まえて、具体的にはそれぞれの介助を誰がするか？」という課題では、一人のために誰かが犠牲になるというふうに捉えず、家族全員が気持ちよく生活するためにもみんなで協力することが大切だということに気づきたい。

(小林久美)

5 エキスパート資料
父 久雄 47歳

貯蓄300万円はあるが、薫の進学資金にとっておきたいし…。おじいさんが退院してくる。車いすで、このままだとお風呂もトイレもいけない…。

（1） 現在の貯蓄

貯蓄	300万円（進学資金）
月々の貯金積立額	5万円（月）

Q1. おじいさんは要介護3の認定を受けて退院してきた。現在の家は築35年のバリアだらけである。玄関には段差があり、風呂場はすべりやすい。トイレ・廊下・階段等は狭く、手すりはない。
次の間取りに、バリアフリーのリフォーム必要箇所に○をつけ、表には金額等を記入しよう。

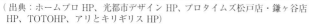

リフォーム場所	リフォーム費用相場（1ヶ所につき）	何箇所必要か	リフォーム額（万円）
①玄関の段差	40万円		
②トイレの改修	40万円		
③浴室　（浴槽・浴室の床・回転いすを置く等）	100万円		
④廊下の手すり	10万円		
⑤和室→洋室へ	80万円		
⑥洗面所	40万円		
⑦廊下の床材変更	20万円		
⑧ドアを引き戸または折り戸へ	20万円		
リフォーム総額（A）			※　　　万円

（出典：ホームプロHP、光都市デザインHP、プロタイムズ松戸店・鎌ヶ谷店HP、TOTOHP、アリとキリギリスHP）

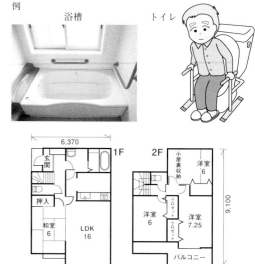

例　浴槽　トイレ

Q2. 国や自治体には様々なリフォームに対する補助金制度がある。下記の補助金制度を利用してQ1の想定金額（A）の自己負担額を計算しよう。

リフォーム総額（A）	※		万円
補助金等の制度	補助金対象額	補助金額	自己負担額
■介護保険制度を利用した介護リフォーム（国の補助金制度） 在宅で生活し、住宅改修が必要とされる人に対し、上限20万円までの介護改修が適用される。その 上限20万円を1割（ある一定の所得がある方は2割）の自己負担 でリフォームすることができる。 Ex. 1. 手すりの取り付け　2. 床段差の解消　3. 滑りの防止または移動の円滑化のための床の材料変更　4. 引き戸等への扉の取替え	20万円	18万円	2万円
■長期優良リフォーム補助制度　（国の補助金制度） 住宅の劣化対策に対して、リフォーム費用の1/3、一戸あたり最大で200万円まで国から補助金が交付。　つまり、リフォーム金額600万円以上ならば200万円の補助金、600万円未満ならば補助金額はリフォーム費用の1/3、自己負担額はリフォーム費用の2/3である。（千円未満は切り上げ） 万円	(A)－20万円＝(B) 万円	(B)×1/3 万円	(B)×2/3 万円
		自己負担額合計	万円

自己負担額を踏まえ、再度リフォームの優先順位を考えてみよう。

【父　エキスパート資料の教員用解説】

　父（久雄）は、子どものための進学資金（貯蓄）を残しつつおじいさんの気持ちを尊重して在宅できる環境を整えたいという課題を抱えている。普段怪我をしたとき以外には気づきにくい現在の家にどのようなバリアがあるのか、バリアに気づかせることと、進学資金を残しておきたい気持ちが強くリフォーム箇所を少なく見積もるかもしれないが、バリアを取り除く手段を考えさせること（ex. 支援制度を利用する。誰かに手伝ってもらう。）を意図している。家の図面については中古住宅の広告の図面を使っても構わない。また、図面を拡大コピーした方がわかりやすいかもしれない。

■Q1. バリアフリーのリフォーム必要箇所に○をつけ、表には金額等を記入しよう。

昼間祖父が一人でいるとしたら不便な点はどこかを考えたい。狭いトイレでは車いすが入らないこと、滑りやすいお風呂は一人では入れないこと、洗面所は車いすではぶつかってしまうこと等、家のバリアに気づきたい。

リフォーム場所	リフォーム費用相場（1ヶ所につき）	何箇所必要か（例）	リフォーム額（万円）
①玄関の段差	40万円	○	40
②トイレの改修	40万円	○	40
③浴室（浴槽・浴室の床・回転いすを置く等）	100万円	○	100
④廊下の手すり	10万円	○	10
⑤和室→洋室へ	80万円		
⑥洗面所	40万円	○	40
⑦廊下の床材変更	20万円		
⑧ドアを引き戸または折り戸へ	20万円		
リフォーム総額（A）			※ 230万円

■Q2. 補助金制度を利用してQ1の想定金額（A）の自己負担額を計算しよう。

　Q1のリフォーム総額について、補助金制度を使った後の自己負担額を踏まえ、リフォーム箇所の再検討をするとともに、自分一人では動けない祖父のためにどうしたらいいのか考えたい。

リフォーム総額（A）	※例えば　230万円の場合		
補助金等の制度	補助金対象額	補助金額	自己負担額
■介護保険制度を利用した介護リフォーム（国の補助金制度）	20万円	18万円	2万円
■長期優良リフォーム補助制度　（国の補助金制度）	(A) -20万円 =(B) 210 万円	(B) ×1／3　70 万円	(B) ×2／3　140 万円
		自己負担額合計	142 万円

自己負担額を踏まえ、再度リフォームの優先順位を考えてみよう。
　例:薫の進学資金のために貯蓄は残しておきたいし、出かける時に玄関は誰かが手伝えばいいと思うが、昼間は祖父が一人で自宅にいるので、リフォームの優先順位はトイレ、廊下の手すり、浴室、洗面所にしたい。

■補足説明
　リフォームにかかる費用にはこの資料ではわかりやすくするために国の補助金制度のみを記入したが、他には自治体単位のリフォーム助成制度、銀行によるリフォームローン、バリアフリー化のリフォームによる固定資産税の軽減措置、ローン契約して行うリフォームに対する所得税の一部控除などがある。また、リフォーム金額はおおよその目安であり、実際の金額は各地域・業者により異なる。
　長期優良住宅とは、長期に渡り良い状態で住むことのできる構造や設備が備わっている住宅のことで、そのためのバリアフリー工事や耐震改修工事、省エネルギー設備の導入、維持管理のしやすい作りに変更するなど一定の性能向上を満たす改修工事が対象となる補助制度が長期優良リフォーム補助制度である。2020年度一戸あたり250万円が上限となった。変更される場合もあり、必要に応じてチェックすることを生徒にも促したい。
　なお、エキスパート後のグループでの話し合いでは介護保険制度による通所リハビリや訪問入浴等を利用すれば、浴室のリフォームは不要になることがわかるが、ここでは生徒たちにはまだわからない状態である。

出典　https://リフォーム補助金.net/　　「住宅リフォーム補助金」【2020年3月版】

(齋藤美重子)

おじいちゃんは在宅介護を望んでいるし・・。平日22日の昼間は仕事や学校で家族が留守だし、介助が必要なおじいちゃんはどうすればいいの？ 我が家の家計でどのような在宅介護ができるかしら？ 薫の進学資金も必要だし・・・

Q1. 介護保険制度を利用し、在宅介護にどのくらいかかるか？

☆**介護保険制度**とは、40歳以上が加入しサービスを受けられる。地域包括支援センターが窓口である。要介護3の祖父は、月269,310円分の介護保険サービスを受けられ、負担額は1割である。負担額は介護度、地域、収入により異なる。利用限度額を超えた分は自己負担(定額10割)となる。

☆具体的な在宅介護にかかる費用のめやす・算出方法を確認しよう。

例1　平日22日に通所リハビリ(デイケア)を利用した場合の一か月にかかる介護保険サービス等の自己負担総額
【介護保険サービス利用合計 404,940円／月のうち自己負担額 184,561円／月】

通所リハビリ(デイケア)で、リハビリ中心に生活(食事やトイレ、入浴)の介助をしてもらい1日過ごす。それにともない訪問介護(ホームヘルプ)を利用して、朝と夕のデイケアへの送り出しと迎えの介助を頼む	通所リハビリ(デイケア)・訪問介護(ホームヘルプ)を利用	17,020円／日	22日	374,440円
	車いす・介護ベッドレンタル	30,500円／月	1か月	30,500円
	サービス利用合計　　　　　　A			404,940円
	介護保険利用上限額　　　　　B			269,310円
	介護保険超過自己負担額(10割負担)　　　C=A-B			135,630円
	デイケアでの食事等自費(昼食・おやつ)　1日1,000円×22日　　　D			22,000円
	自己負担総額(介護保険1割負担+超過自己負担額+食事等自費)　　　E=B×0.1+C+D			184,561円

例2　日中家で過ごし、食事やトイレの介助のために訪問介護(ホームヘルプ)を利用し、週2回訪問リハビリ、3日に1回訪問入浴を利用した場合→【介護保険サービス利用合計 433,440円／月のうち自己負担総額 191,061円／月】

☆ 例1・2の平日22日介護保険制度を利用した在宅介護一か月では自己負担総額が約19万円である。【おじいちゃんの年金の使途】のどの費目・内訳から、どのくらいの捻出が可能か考えよう。
【おじいちゃんの年金の使途】の捻出可能な金額に○をつけ、金額を記入しよう。

費目	内訳	金額	捻出可能な金額
通院(月1回)	診察	2,000円	
	薬代	5,000円	
被服・衛生	下着・紙パンツ等	10,000円	
通信	携帯電話	10,000円	
教養・娯楽・小遣い	書籍・カラオケ	30,000円	
交通費	タクシー	5,000円	
実支出以外の支出	医療保険等	5,000円	
	繰越し(予備費)	83,000円	
(月額)合計		150,000円	

【おじいちゃんの貯蓄・年金等】

貯蓄：1,000,000円(葬儀代として)

年金：月150,000円(税金・社会保険料を引いた額)

おじいちゃんにもおこづかいは必要ですね。

捻出総額・不足分

円 、 不足 円

Q2. 我が家の家計を見直し、おじいちゃんの介護にいくら出費できるか？

我が家の家計を見直し、おじいちゃんの介護にかかる費用の不足分をどこからいくら支出できるか。現在の家計で見直せる内訳に○をつけ、金額を記入しよう。また、家計における課題は何か考えよう。

【収入】

	月収（手取り）
夫（久雄）	230,000円
妻（礼子）	230,000円
計	460,000円

【貯蓄】

貯蓄	3,000,000円

薫の進学資金に考えていた。
この他に学資保険を積み立ててある。

【現在の家計】

		支出項目	金額	内訳	捻出金額
実支出	消費支出	①食料費	80,000円	食料費・昼食代・外食代等	円
		②住居費	6,000円	家屋保守・修繕費等	円
		③光熱・水道費	26,000円	電気代 12,000円、ガス代 8,000円、水道代 6,000円	円
		④家具・家事用品 被服及び履物 保健医療費	53,000円	家具・家事費 12,000円、被服費 28,000円、衛生用品・衣料品 13,000円	円
		⑤交通・通信費	60,000円	通信費（携帯代 20,000円、電話ネット代 10,000円）、交通費 30,000円	円
		⑥教育・教養娯楽費	65,000円	薫教育費（教材費・塾・部活費用）30,000円、教養娯楽費 35,000円等	円
		⑦その他	50,000円	小遣い 50,000円（父 22,000円、母 22,000円、薫 6,000円）	円
	実支出以外の支出		120,000円	生命保険・医療保険 10,000円×2 人、学資保険 30,000円、貯蓄 50,000円、繰越し（予備費）20,000円	円
	合計		460,000円		

参考：総務省、家計調査報告－平成 29 年（2017 年）平均　大都市・二人以上の世帯のうち勤労者世帯

課題

【母　エキスパート資料の教員用解説】

　在宅介護となる祖父のために、介護保険サービスの内容と費用を家計の状況から考える。Q1では、介護サービスの利用に伴う出費を祖父の年金等から出せるか考え、Q2では不足分を家計からどう捻出するか考えさせる。

■Q1. 介護保険制度を利用し、在宅介護にどのくらいかかるか？

　介護保険サービスを利用する場合には、祖父の介護区分（要支援1・2、要介護1～5のどれか）で介護保険サービス限度額が決まり、収入等で負担割合（1割・2割・3割）が決まる。ここでは要介護3、負担割合1割として、例1は毎日通所リハビリに通う場合、例2は毎日自宅で過ごしリハビリや入浴介助にも来てもらう場合を計算してある。どちらの場合も自己負担総額は月約19万円になる。それを、祖父の年金月15万円から支出することを考えるが、他に生活に必要な費用の出費もあり、必ず不足する。なお、高額介護サービス費・高額医療合算介護サービス費という軽減施策があり、利用者負担が規定より高額になった場合は、申請によりその分が返金される。

■Q2. 我が家の家計を見直し、おじいちゃんの介護にいくら出費できるか？

　不足分を補うために、将来を見通し、各費目の特徴を理解したうえで家計の見直しを行い、削減できる内容や捻出できる金額を考える。費用の不足分を家族の協力で補う必要があることに気づく。

（石引公美・吉野淳子）

5 エキスパート資料
祖父　正吉　75歳

脳梗塞で左半身不随になり、トイレ、入浴、食事も一人ではできない。

貯蓄は1,000,000円（葬儀代として残したい）。年金は月150,000円（税金・社会保険料を引いた額）。少しは小遣いも欲しいよ。

Q1. 介護保険では、在宅介護ではどのようなことができるだろうか？

☆介護保険制度を確認しよう。

① 40歳以上の方が介護保険料を納め介護サービスを受けられる。地域包括支援センターが相談窓口である。

② 要介護3のおじいちゃんは、月269,310円分の介護保険のサービスを受けられ、1割の26,931円を負担する。（これは介護度、地域、収入により異なる）。

③ 利用限度額を超えたサービス分は自己負担（定額10割）となる

私は家で暮らしたいので、こっちです。

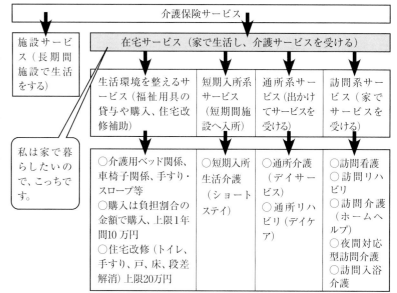

（＊食事・おやつ等は自己負担1,000円/日）

☆平日1日の過ごし方のシミュレーションからおじいちゃんの1日の生活時間を考えよう。

例）通所リハビリ(デイケア)を利用したリハビリを行い、入浴、昼食・トイレ(随時)の介助をしてもらう。デイケアの送り出し・出迎え介助に訪問介護(ホームヘルプ)を利用。

0	1	2	3	4	5	6	7	8	9	10	11	12	13	14	15	16	17	18	19	20	21	22	23
睡眠	トイレ要介助	睡眠	トイレ要介助	睡眠		トイレ・洗面・身支度要介助	朝食要介助／休憩トイレ要介助	ヘルパー送り出し介助／移動（送迎バス）	健康管理等／トイレ等	休憩／トイレ／入浴	リハビリ／トイレ	昼食	口腔ケア／休憩	趣味やカラオケ	トイレ／おやつ	休憩	ヘルパー出迎え介助／帰宅準備・トイレ／移動（送迎バス）	自由時間	夕食要介助	自由時間	トイレ・歯磨き・寝支度要介助		睡眠

通所リハビリ（デイケア）

この生活時間の使い方について、メリット・デメリットを考えよう。

メリット	デメリット

62

Q2. 平日 22 日間の介護保険サービスの組み合わせ（①〜④の日数及び①の食事等）を考え、自己負担総額を計算しよう。

介護保険にかかわる金額		日	計
① 通所リハビリ(デイケア)と訪問介護(ホームヘルプ)利用　入浴とリハビリあり（例の場合）	17,020 円 / 日	日	円
② 日中家で過ごし訪問介護 (ホームヘルプ) 利用　入浴とリハビリなし	10,360 円 / 日	日	円
③ 日中家で過ごし訪問介護 (ホームヘルプ) と訪問入浴利用	23,390 円 / 日	日	円
④ 日中家で過ごし訪問介護 (ホームヘルプ) と訪問リハビリ利用	15,950 円 / 日	日	円
⑤ 車いす、介護ベット	30,500 円 / 月	(1 か月)	30,500 円
平日 22 日サービス利用合計額	A	22 日	円
介護保険利用上限額	B		269,310 円
超過分自己負担額（10 割負担）	C ＝ A － B		円
＊①の通所リハビリの食費等自己負担分（①と同日数）　　　D	1,000 円	日	円
介護保険等にかかる自己負担総額　　E ＝ B × 0.1 ＋ C ＋ D			円
サービス利用合計額が介護保険利用上限額未満の場合　　E ＝ A × 0.1			円

※訪問介護 (ホームヘルプ) は、①では通所リハビリのための送り出しと出迎えのため、②〜④では、トイレ、食事の介助のため。

【祖父　エキスパート資料の教員用解説】

　祖父は介護保険を利用して在宅サービスを受けながら生活する。介護保険を利用できる分は 1 割（収入によっては 2 割・3 割）負担だが、要介護度によって限度額が決まっており、それを超える分は 10 割負担になる。祖父は要介護 3 で、限度額は月 269,310 円となる。なお、高額介護サービス費・高額医療合算介護サービス費という軽減施策があり、利用者負担が規定より高額になった場合は、申請によりその分が返金される。

■Q1. 介護保険で、在宅介護ではどのようなことができるだろうか。

　在宅サービスは、出かけて入浴やリハビリなどを受ける通所サービスと、家でサービスを受ける訪問サービスがある。デイケアを利用した場合のメリット・デメリットは、以下のようなことが考えられる。

メリット	デメリット
例：一日中介助者が近くにいるので安心、人との交流ができる、専門的なリハビリを受けられる	例：費用がかかる、やることや時間など施設に合わせる必要がある

■Q2. 平日22日間の介護保険の組み合わせを考え、自己負担総額を計算しよう。

　平日の 22 日を①デイケアに行って入浴とリハビリをする日、②家で訪問介護を受ける日、③訪問入浴を受ける日、④訪問リハビリを受ける日に割り振り、自己負担額を計算する。月 269,310 円を超える分は全額自己負担になるので、限られた支出で、どこの部分を在宅サービスを利用するかの判断をする必要がある。

　デイケアに 12 日、家にいて訪問介護を受ける日を 10 日として計算した例を示す。

介護保険にかかわる金額		日	計
① 通所リハビリ(デイケア)と訪問介護(ホームヘルプ)利用　入浴とリハビリあり（左記の例）	17,020 円 / 日	12 日	204,240 円
② 日中家で過ごし訪問介護 (ホームヘルプ) 利用　入浴とリハビリなし	10,360 円 / 日	10 日	103,600 円
③ 日中家で過ごし訪問介護 (ホームヘルプ) と訪問入浴利用	23,390 円 / 日	0 日	0 円
④ 日中家で過ごし訪問介護 (ホームヘルプ) と訪問リハビリ利用	15,950 円 / 日	0 日	0 円
⑤ 車いす、介護ベット	30,500 円 / 月	(1 か月)	30,500 円
平日 22 日サービス利用合計額	A	22 日	338,340 円
介護保険利用上限額	B		269,310 円
超過分自己負担額（10 割負担）	C ＝ A － B		89,030 円
＊①の通所リハビリの食費等自己負担分（①と同日数）　　D	1,000 円	12 日	12,000 円
介護保険等にかかる自己負担総額　　E ＝ B × 0.1 ＋ C ＋ D			125,961 円
サービス利用合計額が介護保険利用上限額未満の場合　　E ＝ A × 0.1			円

（石引公美・吉野淳子）

6 授業実践例（ワークシートの生徒の記述内容）

*下記の授業実践を踏まえ、教材は改善を加えています。

（1）家族でみつけた解決すべき問題と解決策

班	問　　題	解　決　策
1班	① 祖父の介護 ② 薫の大学進学 ③ 母親の体調	祖父は施設に入ってもらい、誰かが定期的に会いに行く
2班	① 介護費用の比較(リフォーム、老人ホーム) ② 祖父の介護をどうするか	現時点ではお金がいくらかかるかわからないから、何も言えない。
3班	① 出費がかさむ ② 昼の祖父の介護 ③ 父の給料の悪化	父が今の仕事を退職し、簡単なアルバイトをする。 →退職金でリフォーム代にあて昼間祖父の介護をする
4班	① 祖父を家に戻すかどうか ② お金が足りない ③ 誰が世話をするか	父がもっと稼ぐ 薫がバイト

（2）エキスパート活動で役割ごとに収集した情報

役割	収集した情報
薫	・日中はヘルパーを雇い、夜中のトイレ介助は家族が交代で。19時のトイレは薫が担う。 　食事・着替えは一部介助でいいが、その他は薫が全介助する。 ・夜中に何度も起こされたり、仕事をやめないと昼の世話ができなくて、やめるとお金が更に無くなるから、寂しいけど施設に入れるしかない。 ・ひろみがバイトをする。ヘルパーを雇う。
父	・リフォームするには122万円かかる。父の貯蓄300万円から122万円出す。薫の進学のお金は、奨学金を利用して払っていってもらう。 ・リフォームする場所を最低限に抑える上、補助金をうまくつかう。 ・補助金制度の利用(280万円が175万円に)
母	・デイケア8日と訪問介護8日(送迎)、訪問介護(身体介護1日3回×14日)を利用する。 　ひろみは部活をやめて家に居て祖父の介助をする。お互いウィンウィン。 ・母の負担が大きくなってしまうが、デイケア8日と訪問介護8日(送迎)、訪問介護(身体介護1日3回×14日)を利用する。
祖父	・特別養護老人ホームに入る。ホームに入れるまでは家族が仕事の時間を減らして対応する。 ・タクシー代を削る。(母と父が送迎) ・介護費用は祖父の貯蓄から2万円ずつを支出し、残りは家族が支払う。 ・祖父の携帯電話を解約。介護費用を年金から支払って不足分は貯蓄を切り崩す。

（3）ジグソー活動で元の家族に戻って、エキスパートで得られた情報を基に話し合った問題解決策

班	問題解決策	理　由
1班	・家のリフォーム：20万円 ・介護保険料を超えた充実した介護サービス：175,441円／日 ・リフォーム代と介護サービス代でお金がかかるため →薫は部活をやめなるべく介護をしてもらう、薫は国立大学に行く(授業料安い)	・おじいちゃんと一緒に暮らすには、お金がどうしてもかかるので、どこかで時間を作らないといけないから。
2班	・リフォームの必要なところだけ(300万円) ・デイサービスの利用(約20万円／月)→1年240万円 ・年金で費用を払い、超過分は家族で負担する(デイサービスの実費、通院などは家族の負担) ・特別養護老人ホームには入れる可能性が低く、介護付き老人ホームになってしまうと、約25～50万円／月→年間300～600万円かかる	・同居家族がいる場合、特別養護老人ホームに入れる可能性が低く、介護付き有料老人ホームになってしまうと、費用が高いので、リフォームする。 ・祖父には家に居たいという意思があるのでできるだけ家に居させてあげる。
3班	・年金で入れる程度の施設に入れる ・それまではデイサービス＋デイケアを利用する	・リフォームしたり、昼間介護したりするのは、時間的にも、資金的にも厳しいと考えるから。 ・申し訳ないが祖父の願いをかなえることができないが、介護する側の負担を第一優先で考えたから
4班	・祖父を家に残す ・7:00～16:00介護ヘルパーを雇う。それ以外は介護を家族が分担 ・貯蓄から出してリフォームする：122万円	・家族や祖父の意向を尊重する ・家族が世話できない分をなるべく短時間でヘルパーさんにやってもらう ・国の補助金を利用する ・薫の進学費用は奨学金を利用

（4）クロストークで全体発表

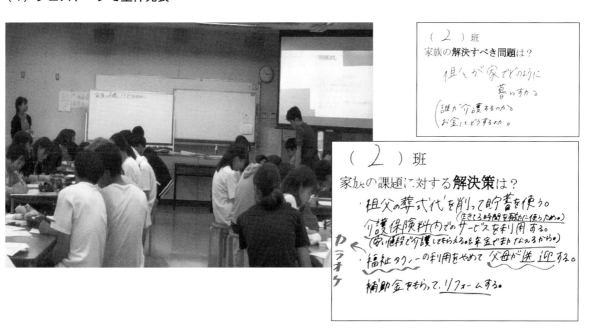

（5）個人で解決策を振り返り

生徒	記 述 内 容
A	何が正解かはわからないけれど、家族みんなが納得できる方法がとれるのが良いと思った。結果的に祖父の意思を考えて尊重した方法になって良かったと思った 実際に祖父が病気になったり、介護が必要になったら、こんなにも大変になるのだと思った。
B	薫のことに考えが及ばず、費用のこと、介護のことばかりに考えがいってしまった。その場しのぎではなく、何年も先のことまで考えて最大限良い結論が出せたらもっと説得力があったと思う。
C	祖父の貯蓄と薫の進学費用を利用して祖父を老人ホームに入れた方が家族の負担が減る。薫はもし進学したいなら、奨学金を利用できる。両親は仕事が忙しいので、祖父が家で暮らすのは難しいと思う。
D	8班が具体的な数値に基づいて、老人ホームに1年通うより家をリフォームして介護保険サービスを受ける方が安いというのは説得力があった。でもやっぱり老人ホームとかの方が安心だと思う。
E	最初の方はいいかもしれないけれど、いずれ両親も疲れてくるだろうし、多少金がかかっても老人ホームに行かせるべきだと思う。
F	老人ホームに入れずに、家族全員が一緒に過ごせる方法があったのではないかと思った。お金はかかるけど、リフォームして老人ホームに入れずに皆で過ごすのが大事かなと思った。 祖父の生きる長さとか両親の給料とかを考えると、考えることが多すぎて大変だと思った。 いろんな制度があって、組み合わせるのが沢山あると思った。
G	おじいちゃんの顔を見ると全然長生きしそうなので、多少の負担はかかれど一緒に居れる時間を多くとれるというメリットを考えると、家が断然良いと思う。 薫の進学費用を使うという考えは、使えるならすごく良いと思った。生きている間のことに重きを置いて考えるのもとても良いと思った。

7　授業における生徒の学び

　介護の問題は高校生には想像しにくい課題であるが、ロールプレイングやエキスパート資料で少しは現実味を帯びて考えることができたのではないだろうか。しかし、祖父役の生徒でも祖父の気持ちに寄り添い、祖父のやりたいことや日常生活を想像しながら考えることは難しかったようである。

　いくらやさしい気持ちを持って家庭で介護を行おうとしても、家族の身体的負担、時間や金銭的な制約は大きい。そこでリフォームの補助金制度や介護保険の活用が重要になってくる。これらの施策を理解しそれらを組み合わせて、我が家にあった介護計画を立てるのは容易ではないが、各班それぞれ悩みながら解決策を見出していた。また、クロストークを通して色々な介護の在り方を学ぶことができた。今回は、はじめて学習する内容が多くその理解とお金の計算でいっぱいいっぱいであった。できれば、ゆとりをもってこの課題に取り組めるよう、事前に介護保険制度の学習を済ませておくことをお勧めする。

（坪内恭子）

〈生徒のワークシート記入例〉

「祖父の介護にどう対処するか!!」

1. 家族の役割分担（　　）班：兄（　　）、父（　　）、母（　　）、祖父（　　）

2. ロールプレイングを通して、自分の役割からの思い（感じたこと、どうしたいこと）を言おう。

役割	
兄	
父	おじいちゃんの気持ちを考えると家でとめんどうを看てあげたいけど" 金銭的面で考えると施設に入ってもらいたい…
母	
祖父	

3. 家族に自分の役割の思いを発表し合い、家族の課題（解決すべき問題）をあげよう。
また、課題解決の優先順位を記入しよう。

家族の問題	祖父の介護	優先順位（　）位
	リフォーム	優先順位（　）位
	家が狭いか	優先順位（　）位

4. 3であげた課題について、家族の思いを大切にして、可能な課題解決策を話し合おう。

・デイサービスを利用する

5. 同じ役割に集まり、資料を参考に課題解決に向けて考えられることを整理しよう。

役割	
兄	・補助制度や利用（2805 → 1975カに） ・最も依頼のところにバリアフリー
父	
母	
祖父	

6. 元の家族に戻り、それぞれの役割で得られた課題解決策の情報を、資料を示しながら家族に説明しよう。（役割ごとの情報のメモを取る）

説明してくれた人の役割	
兄	［例1］（1日 3065円 リハビリやし する（220） 　　　　［例2］デイサービス リハビリやつ 175（5カ月）
父	［9ヶニ］1ヶ月分 約33かいれて85くれる。
母	・父の睡眠時間 ・ひろみの自由時間⑥
祖父	・デイサービス（4〜6）同じろ ・それなりらか（細胞・適応・重視）→ お老護にゃんきたいけど？ 　　　　×新しく物を入れなくてわ、

---

7. 家族で得られた情報を基に、3であげたそれぞれの課題を具体的にどう解決するのか解決策を話し合おう。
また、なぜそうするのか理由も考えよう。

家族の問題	祖父は家で看らすか、施設で看らすか
解決策	・祖父は家で看らしてもらう ・リフォームは2805から1975カに仰え（補助制度を利用） ・デイサービスを使う（車がなくて送迎代を仰え）
理由	・みんなで一緒に看られる ・施設は費用は高い

8. 各班の家族の課題解決策とその理由を発表し合い、思ったこと・工夫されていることなどのメモをとろう。

班	メモ
1班	
2班	・祖父の貯金や休みを利用して貯金を使う ・介護保険制度の利用やサービスを利用
3班	・特別な場所をガードし安く利用してパターン4 ・介護リフォームを利用したい
4班	・補助金も祖父の貯金もどうう ・家計から節約する
5班	・家でいくる ・一緒にすみたいジムペリいいもな腹べい 通う
6班	・祖父健康のためはデイサービスに入っていそう → リフォームしたい!!
7班	・デイの座がでないとサービスも利用 　です	・最低限のリフォーム ・保険でのサービス
8班	・1935の道すに記念をつける	・祖父がすめる場合も老人ホームいがい。
9班	
10班	

9. 他の班の発表会を聞いて、自分たちの解決策は本当に良かったかを振り返ろう。もっと別の解決策や選択があったのではないかなど、授業を通して考えたこと、思ったことを記述しよう。

・1435の進さに 投資金制度や利用もらいいうか消は いと思った。
・介護をするといろと子んパての お金、時間がかかることがわかった。
・誰かが何かで負担をしイつつけば介護を決定ができる!!

自己評価	A できた。 ⑧ まあできた。 C できなかった
①その役割の考えを伝えることができたか	A できた。 ⑧ まあできた。 C できなかった
②家族に自分の役割の解決策を伝えられたか	A できた。 ⑧ まあできた。 C できなかった
③家族で協力して問題解決策を決定できたか	A できた。 ⑧ まあできた。 C できなかった

持続可能な消費 －商品の背景を考える!!－

1 授業開発の視点

　格差問題などに対応するため、持続可能な社会の構築に向けて「持続可能な消費」は、世界の共通課題となっている。2012年に施行された消費者教育推進法では、自らの消費行動が社会経済情勢および地球環境に影響を及ぼし得るものであることを自覚して、公正かつ持続可能な社会の形成に向けて担い手となる「消費者市民」を育成することが求められている。私たちは日々商品選択をして購入しているが、商品の背景や自らの消費行動が環境や社会に与える影響までを考えて意思決定をしている人は少ない。そこで、消費者として責任ある消費について考えるために、ロールプレイングで家族になって商品の背景を様々な視点から探りながら商品選択をすることにした。

2 本時の概要と授業設計

（1） 本時の概要

　1班4人グループで、会社員の父と兄、大学生の姉、高校生の家族4人の役割を分担し、ロールプレイングで近所に住む健康や環境に気遣っている祖父母のために、敬老の日のお祝いの食材を商品の背景を考えながら購入する商品を選択する。日ごろ商品選択にあまり意識をしていない家族が、購入する商品に関わる情報から商品比較をしながら消費者として問題点を発見していく。

　本授業では、敬老の日のお祝いのすき焼きの食材とケーキの買い物用に、商品資料「肉」「豆腐」「しいたけ」「ケーキ」を準備している。それぞれ3つの商品が挙げられており、表示など消費者が知ることができる情報が掲載されている。商品資料は両面印刷や綴じて全員に配布し、最初に家族で商品資料を見て1つずつ商品選択をする。そして、エキスパート活動では、役割ごとに移動して、エキスパート資料に挙げられた2つの視点で、商品資料を確認して商品を比較する。視点によっては、4つの商品すべてが関わらないものもあるため、生徒がスムーズに商品比較がしやすいように、比較する対象の商品を指示している。ワークシートには、エキスパート資料を読み解いて考えた問題点と商品比較をしてわかったことを書き、ジグソー活動で持ち寄った情報を家族に発表し合うことで、様々な視点で商品について考えられるように工夫している。

（2） 授業設計

家族を役割分担 →ロールプレイ →商品資料 （手持ち用全員に配布）	1班4人	父（直樹） 会社員	兄（翔） 会社員	姉（優） 大学生	高校生（あきら）
	家族の状況	流通系 趣味：料理	ツアーコンダクター 趣味：健康	オタク系 システムエンジニア	受験勉強中

解決すべき生活問題は何か？ →家族で、問題解決策を考える	家族で商品選択	祖父母の敬老のお祝いの買い物を通して、持続可能な消費を考える。 すき焼きの食材（肉、しいたけ、豆腐）、ケーキを商品資料（各3品；ABC）から予算2万円以内で1つずつ選ぶ。 家族で選択して、なぜ選択したか理由を話し合う。			

 （移動）…同じ役割で集まる

エキスパート活動 （同じ役割が集まって、その立場での解決策の情報を得る） →視点を2つ示す ※視点1でQ1比較表，視点2でQ2比較表 ・・・該当する商品のABCを比較する	問題解決につながる情報の選択肢を用意。一緒に作業ができるような内容。 →ジグソーで持ち帰ってどれが良いか家族に説明して決められるような……	父（直樹） 会社員	兄（翔） 会社員	姉（優） 大学生	高校生（あきら）
		視点1 食品の信頼性 有機JASマーク QRコード付き顔の見える商品 食品のトレーサビリティ（牛肉）	**視点1** 食品添加物	**視点1** 食料自給率 日本の食料自給率 品目ごとの自給率	**視点1** フードマイレージ
		視点2 食品にかかわる資源 肉：バーチャルウォーター、パーム油の日本の利用状況	**視点2** 加工油脂 トランス脂肪酸 生クリームとホイップクリーム、マーガリンとバター	**視点2** 食品ロス 飽食と世界の飢餓人口 世界の食糧支援と日本の廃棄	**視点2** 容器包装の素材 過剰包装、マイクロプラスチック

 （移動）…元の班に戻る

ジグソー活動 （元の家族に戻って、建設的に持ち寄った知識を活かして問題解決策を考える）	班の家族に商品の情報説明・購入する商品の決定	得た知識・情報を発表し合う →エキスパートで持ち寄った商品情報からどの商品を選択するか。 →建設的相互作用で、家族の問題解決策を考える 　問題解決の優先順位 →なぜ、そうするのか、理由も考える

クロストーク （解決策をクラスで発表する。）	全体で発表	班の家族の問題解決策を発表する →なぜ、その問題解決策にしたのか、根拠を説明する

個人で振り返り （個人で解決策を評価する）	個人で問いに向き合う	個人で、決定した問題解決策でよかったのか、解決策を評価する。 →実際の生活で、問題が起きたときの解決策や対応を考える。

（野中美津枝）

3　ロールプレイング【商品の背景を考える!!】－すき焼きでお祝いをしよう!敬老の日－

（1）　あらすじ

　高校生のあきら一家は会社員の父（直樹）と兄（翔）、大学生の姉（優）の4人家族。母親はあきらが中学生の時に他界し、姉が家計を仕切っている。

　母方の祖父母は近所に住んでおり、あきらは子どもの頃祖父母宅によく遊びに行っていた。また、折々に二家族で食事をしたり母の墓参りに行ったりしている。

　敬老の日が近づいたある日、祖父母への感謝の気持ちを込めてお祝いをしようとあきらが言い出し、家族もみんな賛成した。お祝いをどのようにするか話し合う中で、常々もったいないと言っている祖父母が喜ぶような「健康的で環境にやさしい方法」で行おうということになった。その話は、食品の安全性や環境問題にまで及んでいった。

（2）　役割

父（直樹）会社員	兄（翔）会社員	姉（優）大学生	高校生（あきら）
大手流通系の会社勤務。会社は24時間稼働している。最近は人手不足に加えて取扱量も増えているので残業が多く疲れが溜まっている。趣味は料理。中でも和食を作るのが得意である。	ツアーコンダクター※1として旅行を円滑に進める仕事をしている。主に海外旅行を担当しており年の4分の1は日本を離れているので体力的にはかなりきつい。そのため健康には特に気をつけている。	オタク系。システムエンジニア※2をめざして日々就活中。就活費用や小遣いはバイトで稼いでいる。仕切り屋タイプで家では家計を任されている。機械いじりが趣味で、家電製品が壊れるとすぐに分解して修理する。	明るく活発な性格で友人も多い。部活はテニスで部長をやっていたが、今は引退し受験勉強中である。 　母親が他界してからは、姉を親のように慕い姉と一緒に家事の大部分を担っている。

※1　ツアーの準備から各種手配をこなし、ツアーにも同行し楽しい旅を演出する職種のこと。
※2　システムの設計・開発・テストを手がける職種のこと。

（3）　ロールプレイング

《第1話》
★休日の夕食後：家族が居間でくつろいでいる。

（あきら）：もうすぐ敬老の日だね。敬老の日のお祝いをしなくちゃ。

姉（優）　：おじいちゃんとおばあちゃんはどんな料理が好きかしら。

兄（翔）　：ぼくもそうだけど、おじいちゃんもおばあちゃんも健康には気を遣っているよ。
　　　　　　日頃から野菜や豆腐をよく食べているね。

父（直樹）：おじいちゃんとおばあちゃんは昔からものを大切にして環境に負荷をかけない暮らしをしてきたし、食べる物はほとんど地元でとれたものを食べているな。

（あきら）：そうだね。食べ物の安全性にもいつも気を配っているし、何でももったいないって物を大事にして暮らしているから、お祝いもおじいちゃん、おばあちゃんの考えを尊重しないとね。

父（直樹）：それならすき焼きはどうだ？

兄（翔）　：大賛成！ずいぶん食べてないからな。

（あきら）：別に兄貴のお祝いじゃないし。

兄（翔）　：いいじゃないか。おじいちゃんもおばあちゃんも好きなんだから。

父（直樹）：よし、すき焼きでいこう。春菊、ニンジン、長ネギ、卵、シラタキ、白菜、うどんはあるから、あとはお肉と、しいたけ、お豆腐だね。ケーキもいるか。

（あきら）：感謝の気持ちを込めて、お花もね。

姉（優）　：6人分で予算は2万円以内でいいかしら。もっともこれより安くあげてもらえると助かるけど。
　　　　　買うものは、お花が2,000円、お肉が1.5kg、お豆腐が2丁、しいたけは10個位、あとホールケーキを1個ね。無駄を無くすために買いすぎないことも大切よ。

兄（翔）　：海外では食べ物が無くて、困っている人たちもたくさんいるからね。

父（直樹）：我が家はあんまり考えないで食品を買って、すぐ食品を腐らせて捨てたり、余分な包装容器をもらってごみを増やしたりしているから気をつけないと。食材選び1つをとっても、それはその人の考え方や生き方を表しているということだ。

（あきら）：これを機会に、我が家も環境にやさしい生活や食品の安全性についてしっかり考えて行動しなくちゃ。

父（直樹）：割り下（すき焼きに使われる煮汁のこと）は父さんが作っておくよ。翔、おじいちゃんとおばあちゃんの迎えは頼んだぞ。

兄（翔）　：わかった。

（あきら）：おじいちゃんとおばあちゃんが喜んでくれるといいね。

（坪内恭子）

4 ワークシート

「商品の背景を考える!!」

1. 家族の役割分担（   ）班；父（   ）、兄（   ）、姉（   ）、あきら（   ）

2. 家族で話し合って、敬老の日のお祝いに必要な4つの食品をABCの商品から1つずつ選んでみよう。

商品	肉（約1.5Kg）	豆腐（約2丁）	しいたけ（約10個）	ホールケーキ（6人分）
選択商品に○（金額）	A B C （ ）円	A B C （ ）円	A B C （ ）円	A B C （ ）円
選んだ理由				
合計金額	（ ）円			

3. 同じ役割で集まり、資料の「視点1」「視点2」を書いて、まず資料を読み解こう。その上で、各視点の問題点と4つの食品についてABCの商品を比較してわかったことを整理しよう。

視点	問題点	商品比較してわかったこと
1.		
2.		

4. 元の家族に戻り、それぞれの役割で得られた情報を、資料を示しながら家族に説明しよう。
（役割ごとのメモを取る）

説明した人の役割に○	視点	問題点や商品比較してわかったこと
（ ）父 （ ）兄 （ ）姉 （ ）あきら		
（ ）父 （ ）兄 （ ）姉 （ ）あきら		
（ ）父 （ ）兄 （ ）姉 （ ）あきら		

5. 家族で得られた情報を基に、家族で最終的に敬老の日のお祝いに必要な4つの食品について、ABCの商品のどれを選んだら
   よいか解決策を話し合おう。また、なぜそうするのか理由も考えよう。

商品	肉（約1.5Kg）	豆腐（約2丁）	しいたけ（約10個）	ホールケーキ（6人分）
選択商品に ○（金額）	A　B　C （　　　　　）円	A　B　C （　　　　　）円	A　B　C （　　　　　）円	A　B　C （　　　　　）円
選んだ理由				
合計金額	（　　　　　　　　　　　　　　　　）円			

6. 各班の家庭の課題解決策とその理由を発表し合い、思ったこと・工夫されていたことなどのメモをとろう。

1班		2班	
3班		4班	
5班		6班	
7班		8班	
9班		10班	

7. 他の班の発表を聞いて、自分たちの解決策は本当に良かったのか個人で振り返ろう。もっと別の解決策の方がよかったので
   はないかなど、授業を通して考えたこと、思ったことを記述しよう。

自己評価	① 役割の視点について考えることができたか	Aできた、　　Bまあできた、　　Cできなかった
	② 家族に自分の役割の情報を伝えられたか	Aできた、　　Bまあできた、　　Cできなかった
	③ 家族で協力して問題解決策を決定できたか	Aできた、　　Bまあできた、　　Cできなかった

商品資料：牛肉

今回の料理で使用する牛肉の量は1.5kg

商品	詳細
A 精肉店（対面販売） **国産ブランド和牛** **高級国産牛** ＜100g当たりの 単価：1,000円＞ 	食肉の種類・部位：黒毛和牛 肩ロース すき焼き用 原産国：国産 ＊有名産地 個体識別番号：1129014123 容器包装：紙
B 地元スーパー **国産牛** **お手頃価格の国産牛で** **お肉を満喫できます!** ＜100g当たりの 単価：600円＞ 	食肉の種類・部位：国産和牛（和牛間交雑種）肩ロース 原産国：国産 ＊地元 個体識別番号：1343456567 冷凍及び解凍品にあってはその表示：解凍品 量目（内容量）：500g 販売価格：3,000円 消費期限及び保存方法：20.9.20 保存温度4℃以下 加工所（包装した所）の所在地：東京都港区・・・・ 加工者の氏名又は名称：パックセンター株式会社 容器包装：発泡スチロールトレイ
C 大手スーパー **輸入牛** **オーストラリアビーフ** **成長ホルモン、抗生物質、** **遺伝子組み換え入り飼料** **を使用せず育てました!!** ＜100g当たりの 単価：400円＞ 	食肉の種類・部位：タスマニアビーフ肩ロース 原産国：オーストラリア （個体識別番号：牛肉は国産牛のみ） 量目（内容量）：500g 販売価格：2,000円 消費期限及び保存方法：20.9.20 保存温度4℃以下 加工所（包装した所）の所在地：千葉県船橋市・・・・ 加工者の氏名又は名称・・・フード株式会社 容器包装：発泡スチロールトレイ

＊価格はすべて税込みである。

【参考】

国産牛肉は販売の際、牛1頭ごとの個体識別番号があり、インターネットで情報公開され、生産過程を消費者が知ることができる。

アメリカ、カナダ、オーストラリアからの輸入牛や豚等に、成長促進を目的に肥育ホルモン剤が使用されている場合がある。国内では使用していない。

74

商品資料：生しいたけ

今回の料理で使用するしいたけの量は約10個

商品	詳細
A　百貨店 **「特選秋季限定」原木生椎茸肉厚特大** 容量：特大1個（40g） 金額：150円	産地：国産有名産地（原木＊） QRコードで生産者の詳しい情報が見られる 収穫：1日前 包装：紙袋 見た目：傘が肉厚で、丸みがあり、ヒダが新鮮で揃っている。 ＊原木椎茸とは、原木に菌を植え付け大きくなるのを自然の中で待つ栽培方法で出荷時期が限られる。悪天候などで出荷量がまちまち。環境汚染などの影態を受けやすい。
B　スーパーマーケット **買い得！国産朝採り新鮮生椎茸** 容量：大中小6個入り（約150g） 金額：300円	産地：国内地元産（菌床＊） 収穫：今朝 包装：ポリ袋 見た目：色々な大きさがあり、傘はやや開いているが肉厚である。ヒダも揃っている。 ＊菌床椎茸とは、室内で管理をしながら人工栽培しているので、年中出荷できる。設備への投資や維持費が必要。
C　ディスカウントストア **たっぷり使える箱入り徳用生椎茸** 容量：中20個入り（約400g） 金額：450円	産地：中国産（菌床＊） 収穫：5日前 包装：段ボール箱 見た目：大きさは全て揃っている。傘は開いていて薄く、ヒダが潰れている箇所がある。 ＊菌床椎茸とは、室内で管理をしながら人工栽培しているので、年中出荷できる。設備への投資や維持費が必要。

＊表示価格は税込み価格

商品資料：豆腐

今回の料理で使用する豆腐の量は2丁（約600g）

商品	詳細
A　豆腐屋 **こだわりの手作りもめん豆腐** **無農薬無化学肥料北海道丸大豆使用** 内容量：300g 金額：280円	原材料名：大豆（国産）（遺伝子組み換えでない）、凝固剤（粗製海水塩化マグネシウム＜にがり＞） 　　＊大豆（国産）は地元のもの使用 消費期限：3日間　表面記載 保存方法：要冷蔵(10℃以下) 容器：容器を各自持参
B　スーパー **お買い得！国産もめん豆腐** 内容量：300g 金額：200円	原材料名：丸大豆（国産）（遺伝子組み換えでない）、凝固剤（塩化マグネシウム＜にがり＞）、消泡剤（グリセリン脂肪酸エステル） 　　＊大豆（国産）は有名産地のもの使用 賞味期限：7日間　表面記載 保存方法：要冷蔵(10℃以下) 容器：プラスチック
C　ディスカウントストア **激安もめん加工豆腐** 内容量：150g入り×3パック計450g 金額：80円	原材料名：丸大豆（アメリカ）（遺伝子組み換えでない）、凝固剤（塩化マグネシウム）、炭酸カルシウム、消泡剤（レシチン（大豆由来）、グリセリン脂肪酸エステル、炭酸マグネシウム）、シリコーン樹脂 賞味期限：10日間　表面記載 保存方法：要冷蔵（10℃以下） 容器：プラスチック

＊表示価格は税込み価格

商品	材料等	生産・購入方法、容器包装
A　地元のケーキ屋（対面販売） **材料はすべて国産。** **パティシエ特製こだわりケーキ**  6号注1（直径約18cm）6,800円	【材料】は小麦粉（国産）卵（卵農家直入）、きび砂糖（国産）、無塩バター（北海道産）、動物性生クリーム（北海道産）、季節の果物（国産）です。 	【生産方法】 店舗で手作りしています。 【購入方法】は、事前に予約し、前日か当日に店舗に受け取りに来て下さい。 【容器包装】について、トレイはプラスチック、外装は紙箱を使用しています。
B　コンビニエンスストア **お手軽！みんなでお祝いケーキ**  6号（直径約18cm）3,500円	【原材料名】 ホイップクリーム、生クリーム、卵、砂糖、苺小麦粉注2、苺ジャム、水あめ、牛乳、乳化油脂、ショートニング、植物油脂、バター、苺、シロップ／乳化剤、加工デンプン（アセチル化酸化デンプン）、膨張剤、ゲル化剤、酸味料（クエン酸）、pH調整剤、着色料（紅麹、アントシアニン、フラボノイド）、ソルビット、リン酸ナトリウム、香料（アセト酢酸エチル）、（一部に乳成分、卵、大豆、りんごを含む）	【生産方法】 ・工場で大量生産。 ・製造後は冷凍保存をし、解凍して販売される。 ・スポンジだけ冷凍保存しておき、販売前に解凍して果物を挟んでクリームを塗って販売される場合もある。 【購入方法】 事前に予約し、前日か当日に店舗に受け取りに行く。 【容器包装】 プラスチック容器
C　インターネット販売 **パーティ用オーダーケーキ。** **プレゼントに最適。** **主役の方の似顔絵やお好きな** **メッセージが入れられます！**  42cm×33cm（48人分） 金額：4,000円	【原材料名】 乳等を主要原料とする食品、ケーキミックス（砂糖、小麦粉注2、小麦でん粉、植物油脂、ふどう糖、脱脂粉乳）、牛乳、卵、ホイップクリーム、植物油脂、チョコレートコーチング注3／加工デンプン、アルギン酸ナトリウム、着色料（赤104,黄5、カロチノイド、アントシアニン、青1、赤102、黄4）、安定剤（メタリン酸ナトリウム）（原材料の一部に大豆を含む）	【生産方法】 ・工場で大量生産。 ・製造後は冷凍保存をし、解凍して販売される。 【購入方法】 配達日4日前までにネット予約し、指定日に冷凍発送される。 【容器包装】 内装・外装ともボール紙

＊表示価格は税込み価格

（小林久美）

注1：6号　6～8人分
注2：小麦粉は90％が輸入されている。
注3：チョコレートコーチングにはパーム油が使用されている。

5 エキスパート資料
父（直樹）会社員

> おばあちゃんは、「孫やその子どもたちの代までみんなが美味しいものを食べて健康に過ごせるようにしたい」と、いつも言っているよ。

視点1：食品の信頼性

食品の表示について知り、問題点やわかったことをワークシート3に書こう。

（1）生鮮食品の表示

生鮮食品とは、農産物、畜産物、水産物をさし、「名称」と「原産地」の表示が義務付けられている。生産方法を証明するマーク（図1）やQRコードで生産者情報を読み取れるようにしたもの（図2）などもある。

有機JASマーク

農薬や化学肥料に頼らないで生産された有機農産物やその加工品

図1　有機JASマーク

図2　QRコード例

生産段階 → 製造・加工段階 → 流通段階 → 小売段階 → 消費者

問題食品のルートを遡及
→原因を究明

例えばここで問題発覚

問題食品のルートを追跡
→商品を回収

図3 トレーサビリティの流れ（農水省HPより）

（2）食品のトレーサビリティ

生産、加工、販売等の各段階で記録を保存しておいて、食品の移動のトレース（たどること）ができるようにすることをトレーサビリティ（図3）という。

牛肉のBSE問題（牛の脳の組織がスポンジ状に変化する疾病）をきっかけとして導入され、牛肉（輸入牛肉は除く）と米に法律で義務付けられている。問題が発覚した時に、原因を突き止め、食品の安全を守ることができる。

Q1: 牛肉としいたけと豆腐の商品資料を見て、各ABCの商品が信頼できるか確認しよう。

商品	しいたけ	豆腐
A：識別番号　有り　・　無し	A：QRコード　有り　・　無し	A：有機JASマーク 有り　・　無し
B：識別番号　有り　・　無し	B：QRコード　有り　・　無し	B：有機JASマーク 有り　・　無し
C：識別番号　有り　・　無し	C：QRコード　有り　・　無し	C：有機JASマーク 有り　・　無し

視点2　：食品に関わる資源

食品に関わる資源について知り、問題点やわかったことをワーク3に書こう。

（1）バーチャルウォーター

世界では、21億人（約10人に3人）が安全な水を自宅で入手できず、45億人（約10人に6人）が安全に管理されたトイレを使うことができないといった水資源の問題が起こっている。

バーチャルウォーター（仮想水）とは食料を輸入している国（消費国）において、もしその輸入食料をその国で生産するとしたら、どの程度の水が必要かを推定したものである。表1からも分かるように、日本のバーチャルウォーターの量は世界2位である。

表1 バーチャルウォーター輸入（年間）
(M.M. Mekonnen, A.Y. Hoekstra, May 2011)

順位	上位国
1	アメリカ
2	日本
3	ドイツ
4	中国
5	イタリア

表2 食品1kgあたりのバーチャルウォーター
（日本、環境省HPより）

牛肉	20,600L
豚肉	5,900L
鶏肉	4,500L
大豆	2,500L
しいたけ	3,125L

牛肉の場合は飼料用穀物を育てるための水、飲む水、牛舎の管理に必要とされる水などが含まれる。
＊数値は輸入の場合のみである。

（2）利用価値の高いパーム油

　パーム油はアブラヤシからとれる植物性油脂で、採油量も菜種等の他原料より多い。8割はマーガリン、ケーキのホイップクリーム（植物性）など様々な食品用、残りは洗剤やシャンプーなどにも使われ、世界中で一番多く使われている油である。

　その生産のために、東南アジアの熱帯林が破壊され、開発のための火入れによる気候変動への影響、野生動物への影響、児童労働、強制労働など、多くの問題が指摘されている。それらの問題の解決のため、2004年に「持続可能なパーム油のための円卓会議（RSPO）」が設立された。

Q2：牛肉、しいたけ、豆腐の商品資料を見て、各 ABC の商品のバーチャルウォーターを記入しよう。
また、ホールケーキの商品資料を見て、各 ABC の商品がパーム油を使用しているか確認しよう。

バーチャルウォーター			パーム油
牛肉	しいたけ	豆腐（大豆）※	ホールケーキ
A：	A：	A：	A：
B：	B：	B：	B：
C：)	C：	C：	C：

　　　　　　　　　　　　　　　　　　　　　　　※豆腐のバーチャルウォーターは、大豆の原材料から1/3量として計算する。

【父　エキスパート資料の教員用解説】

　父は、祖父母が環境に負荷をかけない生活を心がけ、地元で採れたものを食べるようにしていることを子どもたちに伝え、その考え方を実践する食材選びを提案する。生鮮食品のトレーサビリティの意義や表示から信頼性を読み取ることや、食品に関わる資源の問題を考えさせることを意図している。

■視点1：食品の信頼性

　国産牛肉は販売の際、牛1頭ごとの個体識別番号があり、インターネットで情報公開され、生産過程を消費者が知ることができる。現在表示義務のあるものは、牛肉と米だけであるが、産直野菜やQRコードなどで、独自にトレーサビリティを担保する試みも普及しつつある。

商品	しいたけ	豆腐
A：識別番号 （有り）・ 無し	A：QRコード （有り）・ 無し	A：有機JASマーク 有り ・（無し）
B：識別番号 （有り）・ 無し	B：QRコード 有り ・（無し）	B：有機JASマーク（有り）・ 無し
C：識別番号 有り ・（無し）	C：QRコード 有り ・（無し）	C：有機JASマーク 有り ・（無し）

■視点2：食品に関わる資源

　人一人が一日生活するのに、最低300ℓの生活用水が必要と言われるが、地球上の約8割の人はこれ以下の水で生活している。世界的な水不足が問題となっている中、日本人は、生活用水・工業用水・農業用水を合わせて、一日一人あたり約2,000ℓ (2t) の水を消費し、バーチャルウォーターを含めると約4,000ℓ (4t) と試算されている。

バーチャルウォーター			パーム油
牛肉	しいたけ	豆腐（大豆）※	ホールケーキ
A：0ℓ	A：0ℓ	A：0ℓ	A：なし
B：0ℓ	B：0ℓ	B：0ℓ	B：あり（ホイップクリーム・ショートニング・植物油脂）
C：30,900ℓ（1.5kg）	C：1,250ℓ（400g）	C：375ℓ（450g）	C：あり（植物油脂・ホイップクリーム・チョコレートコーチング）

※バーチャルウォーターは、輸入食品についての概念なので、国産の場合は"0"となる。しかし、国産牛肉の場合は、実際には輸入された飼料穀物が利用されている場合が多く、その分のバーチャルウォーターがある。

（石引公美・神澤志乃・吉野淳子）

5 エキスパート資料
兄（翔）会社員

おばあちゃんは、「孫やその子どもたちの代までみんなが美味しいものを食べて健康に過ごせるようにしたい」と、いつも言っているよ。

視点1：食品添加物

1 食品添加物に関する資料を読み解いて、問題点やわかったことをワークシート3に書こう。

　食品添加物とは、保存料、甘味料、着色料、香料など、食品の製造過程または食品の加工・保存の目的で添加されているものである。1日摂取許容量 (ADI: 無毒性量の1/100) を超えない範囲の使用量が法律で定められている。通常の食事による食品添加物の摂取では健康に害を与えないが、妊婦の場合は胎児の発育に影響を及ぼすことが報告されている。種類は、**指定添加物**（安全性を評価し厚生労働省が指定したもの）、**既存添加物**（既に使用され長い食経験があるもの）、**天然香料**（動植物から得られた物質で食品に香りを付けるもの）、**一般食品添加物**（一般に飲食に供され添加物として使用されているもの）がある。

Q1：豆腐とホールケーキの商品資料を見て、各ABCで使われている食品添加物をそれぞれ確認しよう。

用途	目的	例	豆腐			ホールケーキ		
			A	B	C	A	B	C
凝固剤	食材の凝固	塩化マグネシウム						
消泡剤	泡の除去	シリコーン樹脂、グリセリン脂肪酸エステル、炭酸マグネシウム、レシチン						
着色料	着色、色素の強化	紅麹、カロテノイド、アントシアニン、フラボノイド、赤102・104、黄4・5、青1						
甘味料	甘味の強化	ソルビット						
乳化剤	食品の乳化	レシチン、リン酸ナトリウム						
香料	香りの強化	アセト酢酸エチル						
加工デンプン	澱粉の高粘性の改善	アセチル化酸化デンプン						
ゲル化剤	液体のゲル化	アルギン酸ナトリウム						
安定剤	接着料	メタリン酸ナトリウム						
膨張剤	食材の膨張	リン酸ナトリウム、炭酸カルシウム						
酸味料	酸味の調整	クエン酸						
pH調整剤	pHの調整	炭酸カルシウム						

視点2：加工油脂

2 加工油脂の脂肪酸と原料に関する資料を読み解いて、問題点やわかったことをワークシート3に書こう。

　加工油脂は、油脂の原材料に水素添加やかくはんなどの操作を行ったもので、バター、マーガリン、ショートニング、ファットスプレッド等がある。**植物油脂**は植物から採取した油脂をさす。常温で固体の「脂」と液体の「油」があり、植物油はパーム油、オリーブオイル等を含む。**乳化油脂**は、植物油脂などに水や乳化剤などを混ぜ、水に溶けやすくした油脂で、食感をよくする働きがある。

	脂肪酸		
	飽和脂肪酸	不飽和脂肪酸	
形状	常温で固体	常温で液体	
食品例	バター、牛脂、ラード、パーム油	魚油、オリーブ油、なたね油、ごま油、大豆油	
健康への影響	コレステロール値を高める。	コレステロールの過剰を予防。酸化しやすい。	
特徴	ヒトの体内で作ることができる。	シス型 / トランス型　加工・精製過程でできることがある	

トランス脂肪酸

　マーガリン、ファットスプレッド、ショートニングや、それらを原材料に使ったパン、ケーキ、ドーナツなどの洋菓子、揚げ物などに、トランス脂肪酸が含まれているものがある。

　多量に摂取し続けると、悪玉コレステロールが増え、動脈硬化や心筋梗塞の危険性が高まるといわれる。

　WHO（2003）は、トランス脂肪酸の摂取量を総エネルギー摂取量の1%に相当する比よりも少なくするよう勧告。日本人の平均的摂取量は約0.3%と推定される（日本食品安全委員会2012）。しかし、脂質摂取にトランス脂肪酸が含まれることから、脂質の取り過ぎに注意する。

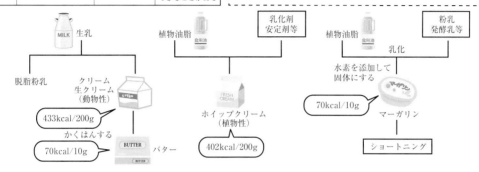

Q2：ホールケーキの商品資料を見て、ABC で使われている加工油脂の原料と種類を比較しよう。

原材料名	原料（どちらかを○で囲む）		ホールケーキ（使われているものに○をつける）		
			A	B	C
生クリーム（動物性）	生乳	・　植物油脂			
ホイップクリーム（植物性）	生乳	・　植物油脂			
バター	生乳	・　植物油脂			
ショートニング	生乳	・　植物油脂			
植物油脂	生乳	・　（植物油脂）			
乳化油脂	生乳	・　（植物油脂）			
チョコレートコーチング	生乳	・　植物油脂			

〜〜〜

【兄　エキスパート資料の教員用解説】

　豆腐とホールケーキの商品資料を用いて、食品添加物の種類や働きと危険性、加工油脂の原料や種類と危険性を知り、加工食品を摂取する際の問題点を考えさせるとともに、その観点を商品選択に生かすことを意図している。

■視点1　食品添加物

　食品添加物の用途や目的を理解し、豆腐とホールケーキに使用されている食品添加物を確認する。

■視点2　加工油脂

　見た目や用途が似ている食品でも、原材料によって栄養成分や健康への影響が異なることに気づきたい。

原材料名	原料（どちらかを○で囲む）		ホールケーキ（使われているものに○をつける）		
			A	B	C
生クリーム（動物性）	（生乳）	・　植物油脂	○	○	
ホイップクリーム（植物性）	生乳	・　（植物油脂）		○	○
バター	（生乳）	・　植物油脂	○	○	
ショートニング	生乳	・　（植物油脂）		○	
植物油脂	生乳	・　（植物油脂）		○	○
乳化油脂	生乳	・　（植物油脂）		○	
チョコレートコーチング	生乳	・　（植物油脂）			○

（小清水貴子・村上睦美）

5 エキスパート資料
姉（優）大学生

世界の食料廃棄は年間13億トン！
しかし8億人を超える人々が栄養不足！

視点1：食料自給率

1. 日本の食料自給率は、先進国の中で最低の水準となっている。図表1より、日本における食料自給率の推移を確認しよう。また、図表2より食料自給率低下の危険性を考えてみよう。食料自給率に関わる問題点をワークシート3に書こう。

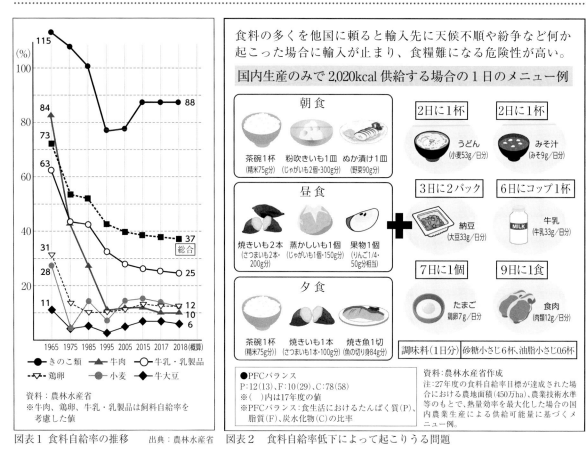

図表1 食料自給率の推移　　出典：農林水産省　　図表2　食料自給率低下によって起こりうる問題

Q1：食品ごとに2018年の食料自給率を書こう。次に商品資料を見て、A、B、Cの商品の当てはまる方に○をつけ比較しよう。比較してわかったことをワークシート3に書こう。

1. 日本の食料自給率は、先進国の中で最低の水準となっている。図表1より、日本における食料自給率の推移を確認しよう。また、図表2より食料自給率低下の危険性を考えてみよう。食料自給率に関わる問題点をワークシート3に書こう。

	豆腐（大豆）	牛肉	しいたけ（きのこ類）	ケーキ（小麦・鶏卵）
食料自給率	％	％	％	％
国産　or　輸入	A： 国産 or 輸入 B： 国産 or 輸入 C： 国産 or 輸入	A： 国産 or 輸入 B： 国産 or 輸入 C： 国産 or 輸入	A： 国産 or 輸入 B： 国産 or 輸入 C： 国産 or 輸入	A： 国産 or 輸入 B： 国産 or 輸入 C： 国産 or 輸入

視点2　食品ロス

2. 食べられるのに捨てられてしまう食品を食品ロスという。図表3から日本の食品ロスを世界の食料支援量と比較して確認しよう。図表4から食品ロスに関わる問題点を読み取ってワークシート3に書こう。

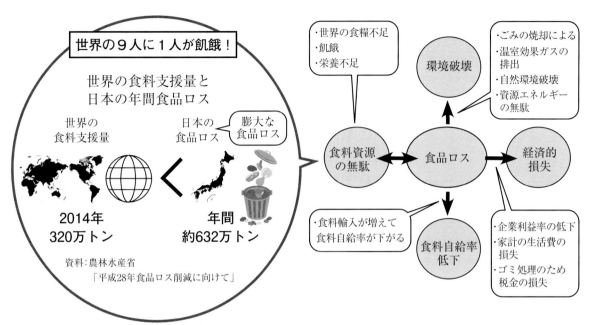

図表3　世界の食料援助量と日本の年間食品ロス　　　　図表4　食品ロスの問題

Q2：商品資料を見て、必要量を満たした場合、余ってしまう食品の量を記入しよう。比較してわかったことをワークシート3に書こう。

豆腐（600g）		しいたけ（10個）		ケーキ（6人分）	
A：	g	A：	個	A：	人分
B：	g	B：	個	B：	人分
C：	g	C：	個	C：	人分

【姉　エキスパート資料の教員用解説】

　日本の食料自給率低下の実態把握と食料自給率低下がもたらす生活への影響を考えさせるとともに、世界的には栄養不足の人々がいるという現実に目を向けさせることを意図している。

■視点1：食料自給率

	豆腐（大豆）	牛肉	しいたけ（きのこ類）	ケーキ（小麦・鶏卵）
食料自給率	6 %	10 %	88 %	12 %
国産 or 輸入（例）	A：⬭国産⬭ or 輸入 B：⬭国産⬭ or 輸入 C：国産 or ⬭輸入⬭	Ⓐ：国産 or 輸入 B：国産 or 輸入 C：国産 or 輸入	A：⬭国産⬭ or 輸入 B：⬭国産⬭ or 輸入 C：国産 or ⬭輸入⬭	Ⓐ：国産 or 輸入 B：国産 or 輸入 C：国産 or ⬭輸入⬭

各品目の食料自給率を理解し、国産か輸入品かを確認する。

■視点2：食品ロス

豆腐（600g）	しいたけ（10個）	ケーキ（6人分）
A：　　　0 g	A：　　　0 個	A：　　　0 人分
B：　　　0 g	B：　　　4 個	B：　　　4 人分
C：　　300 g	C：　　10 個	C：　　14 人分

値段だけでの商品選択では、必要量を満たした後に食品ロスが出ててしまうことに気づきたい。

（齋藤美重子・新山みつ枝）

おじいちゃんとおばあちゃんが喜ぶ材料を選びたいな

視点1 ： フードマイレージ

1 食品の運搬量や距離に関わる問題点を考えて、ワークシートに書こう！

　地球温暖化による気候変動は、人間の生活や自然の生態系にさまざまな影響を与えている。たとえば、氷河の融解や海面水位の変化、洪水や干ばつなどの影響、陸上や海の生態系への影響、食料生産や健康など人間への影響が観測され始めている。

　「フードマイレージ」とは、「食料の総輸送量×距離」のことである。食品の輸送距離が長く運ぶ量が多いと、CO_2 が多く排出され地球温暖化に繋がっていく。つまりフードマイレージの数値が高いと、環境への影響が大きくなるといえる。日本のフードマイレージの量は他国に比べて非常に多いことがわかる（図1）。

各国のフードマイレージ
億t・km（2001年）

日本	9002
韓国	3172
アメリカ	2958
イギリス	1880
ドイツ	1718
フランス	1044

図1　各国のフードマイレージ

食材名	輸入食材			国産の食材		国産の食材（地元）	
	産地	フードマイレージ（t・km）		産地	フードマイレージ（t・km）	産地	フードマイレージ（t・km）
牛肉	オーストラリア	6900		有名産地	300	地元	20
大豆（豆腐の材料）	アメリカ	10100		有名産地	100	地元	20
しいたけ	中国	3000		有名産地	200	地元	20
小麦粉（ケーキの材料）	アメリカ	10100		有名産地	100	地元	20
合計		30100			900		80

※数値は、おおよその目安で、トラック、船舶など輸送手段による CO_2 排出量の違いは反映されない。なお、飛行機が最も CO_2 排出量が多い。

Q1：商品資料を見て、食品毎に ABC の商品の容器包装を記入し比較しよう。

視点	肉	豆腐	しいたけ	小麦粉
1　フードマイレージ	A：　　　t・km B：　　　t・km C：　　　t・km	A：　　　t・km B：　　　t・km C：　　　t・km	A：　　　t・km B：　　　t・km C：　　　t・km	A：　　　t・km B：　　　t・km C：　　　t・km

視点2 ： 容器包装の素材

2 食品の容器包装に関わる問題点を考えて、ワークシートに書こう！

　処理が追いつかないほどの大量のごみが、行き場をなくして環境問題になっている。図2の環境省「H30 容器包装廃棄物の使用・排出実態調査からも、一般家庭では容器包装のプラスチックごみが多いことが分かる。プラスチックは分解されないため、今、海洋中のマイクロプラスチックが問題視されている。

　「マイクロプラスチック」とは、「環境中に存在する微小なプラスチック粒子」で、海洋汚染の問題や生態系に及ぼす影響が懸念されている。また、マイクロプラスチックに吸着しているポリ塩化ビフェニル＊（PCB）が体内に取り込まれると消化されずに体内で蓄積される。

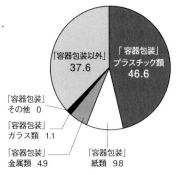

図2　家庭一般廃棄物内訳容積比較（%）

＊発生源として考えられているもの

・海洋ゴミとなったプラスチック製品(ペットボトル、ストロー、ポリ袋、トレイなど)の劣化によりマイクロ化

・マイクロビーズ(洗顔料、化粧品、歯磨き粉など)などが工場や家庭から流出

・メラミンフォームスポンジのカスが流台から河川、海洋へ流出

・化学繊維(フリースなど)が洗濯で河川から海洋へ流出

同じストローでもプラスチック製や紙製のものがある。また、耐久性や耐熱性を備えた紙製トレイなども開発されている。

＊ポリ塩化ビフェニルの薬品ラベル表示

急性毒性　　　　　健康有害性　　　　水性環境有害性
　　　　　　　　　（発がん性）

Q2：商品資料を見て、食品毎に ABC の商品の容器包装を記入し比較しよう。

視点	肉	豆腐	しいたけ	小麦粉
1　容器包装	A： B： C：	A： B： C：	A： B： C：	A： B： C：

【高校生　エキスパート資料の教員用解説】

　商品を読み取る視点として、「フードマイレージ」と「容器・包装」の2つを取り扱っている。大量生産・大量消費によるごみ問題に関しては、不法投棄や焼却時のダイオキシン問題もあるが、ここでは、特に容器包装に視点を当てて考えさせることを意図している。

■視点1：フードマイレージ
地産地消の観点からも国内産においても地元産のフードマイレージが少ないことに気づきたい。

視点	肉	豆腐	しいたけ	小麦粉（ケーキ）
1　フードマイレージ	A：　　20 t・km B：　　300 t・km C：　6,900 t・km	A：　　20 t・km B：　　100 t・km C：　10,100 t・km	A：　　200 t・km B：　　20 t・km C：　3,000 t・km	A：　　100 t・km B：　10,100 t・km C：　10,100 t・km

■視点2：容器・包装の素材
　円グラフの内訳から容器包装が半分以上を占め、さらにその大部分がプラスチックであることに気づきたい。波線枠の中にコラムによりプラスチック以外の素材があることにも気づくことができる。

視点	肉	豆腐	しいたけ	小麦粉
1　容器包装	A：紙 B：発泡スチロールトレイ・ラップ C：発泡スチロールトレイ・ラップ	A：なし B：プラスチック容器 C：プラスチック容器、外装フィルム	A：紙袋 B：ポリ袋 C：段ボール	A：プラスチックトレイ・ラップ B：プラスチック容器 C：ボール紙

（齋藤和可子・小林久美）

6 授業実践例（ワークシートの生徒の記述内容）

＊下記の授業実践をふまえ、本書の教材は改善を加えています。

（1）家族で話し合って、4つの食品を1つずつ選ぶ

班	肉	豆腐	しいたけ	ホールケーキ	合計金額
1班	B	A	B	A	12,160円
2班	A	B	B	A	19,400円
3班	B	B	B	A	13,200円
4班	A	A	B　2袋	A	19,960円

（2）エキスパート活動で同じ役割で集まり、資料の「視点1」「視点2」についての問題点、分かったこと

役割	視点	問題点	商品比較して分かったこと
父	食品の信頼性	有機JASやQRコードの記載のないものが多い。記載がないと食品に問題が発生した時に原因を特定できない	高価格＝表示があるとは限らない 地元で作られたものは、逆にJASマークなど安全性を保障できるものがついてない
	食品に関わる資源の問題	バーチャルウォーター使用量日本は第2位 1kgあたり牛肉は20600ℓ、しいたけ3150ℓ、大豆2500ℓ パーム油をつくるときの自然破壊	ケーキにはパーム油が多く使用されている 肉には多くのバーチャルウォーターが使用されている
兄	食品添加物	摂取許容量が定められている。摂りすぎると危険。 胎児の発育に影響を及ぼす	大量生産されるものは入っているが、手作りのも、のには含まれていないことが多い。豆腐には凝固剤が必要。
	加工油脂	多量に摂取し続けると悪玉コレステロールが増え、動脈硬化や心筋梗塞の恐れがある	保存が長いものには生乳は使われず、植物油脂のみが使われる
姉	食料自給率	食料自給率が低い 他国に頼りすぎると食糧難になりやすい	値段が安いものは原材料が輸入品であることが多い
	食品ロス	膨大な量の食品ロス（約632万t／年）、世界の食糧支援量（約322万t／年）よりも多い	Cの食品ロスが多い 輸入品でかつ食べきれず捨ててしまったら本末転倒
あきら	フードマイレージ	外国産の場合、食品の輸送距離が長く量が多いとCO_2が多く排出され温暖化が進む	国産は価格が高くなるが、フードマイレージは低く済む
	容器包装の素材	プラスチックの容器は、プラスチックが分解されず海洋汚染の問題や生態系へ影響を及ぼす	高い商品は環境にやさしい包装だった、スーパーのはプラスチックだった

(3) ジグソー活動で元の家族に戻って、エキスパートで得られた情報を基に話し合った問題解決策

商品／班		肉	豆腐	しいたけ	ホールケーキ	合計金額
1班	選択商品	A	A	B	A	19,660円
	理由	包装が紙だから国産で個体識別番号がある。見た目がおいしそうだから	添加物の有無から大豆とにがりのみなので体にいい	QRコードから生産者の情報を得られる信頼性から	食品添加物・加工油脂の観点から、また食品ロスをなくすために5号	
2班	選択商品	A	A	B	A	19,660円
	理由	国産である個体識別番号がある容器が紙	容器持参無化学肥料	フードマイレージ◎収穫が今朝だったQRコードがあり生産者が詳しくわかる	材料がすべて国産、食品ロスを減らすため5号にする	
3班	選択商品	B	A	A	A	14,360円
	理由	プラスチックは環境に悪いが、Aは高すぎるしBも国産だったので	体に良いし、資源も問題なし凝固剤は必要なので仕方がない	環境に良くて新鮮ポリ袋不使用数も多すぎない	Bは添加物が多すぎて食べられないグレードの高いケーキを食べたい	
4班	選択商品	A	A	AとB	A	19,810円
	理由	包装紙がパックではなく紙である	容器は各自持参のため環境に良い必要最低限の食品添加物のみ	QRコードがついていて安心	パーム油が使われている植物油脂でなく、動物性油脂が使われている	

（4）クロストークで全体発表

5
肉・A　国産
　　　容器が紙
豆腐・A　添加物⊕
　　　容器がプラスチックでない。
しいたけ A→B　QRコードがついてる。
　　　　　　　　（+量調整）
ケーキ　A　動物性生クリーム使用◎
計 19810円

(5) 個人で解決策を振り返り

生徒	記述内容
A	安全面、環境面などは考えられていたけれど、決めた必要量をしっかり、ちょうど用意しようと思わなかったので、そこをもっと考えられたらよかった。これからは買う際に、他の商品と比べてからどれを買うべきか選びたい。
B	今まで肉などは、プラスチック容器のものを買ってきていた気がするので、これから紙のものを買おうと思う。また、フードマイレージのことも考えて、食品は国産のものを購入しようと思う。今回自分たちの解決策は、容器、信頼性において、すべてに対応しているのでよいと思う。
C	適量を買うために異なる商品を組み合わせて買うのもアリかもしれない。やはり対面販売だと安全性が増すと思う。買うときの量によって、ごみの量も変わるので考えて買おうと思う。 どの要素を重点的に意識するかによって買い方も変わってくると思う。
D	自分たちの班は、予算2万円というしばりの中でなら食品添加物や容器面で信頼がある選択だったと思った。食品ロスを防ぐためにしいたけの個数の微調整が行われているのもよい。 他の班は、信頼のおけるマークや表示があるのを優先的に考えていて、安全面的にいいなと思った。
E	フードマイレージのことをみんな考えていた。 むやみやたらに買うのではなく、必要量に応じて買うことが望ましい。（ケーキは5号にするとか、しいたけを2種類組み合わせるとか）
F	予算がギリギリになってしまったので、お肉はA：B＝1：2のように買いたかった。 フードマイレージやバーチャルウォーターの視点は今までの買い物であまり考えていなかったため、これからは取り入れようと思った。
G	5班は、自分の健康に気をつかったが、相手（地域等）に気を使う1班や受け取り方法に目を向ける4班も良かった。

7　授業における生徒の学び

　今回の家族の事例では、祖父母の喜ぶ「健康的で環境にやさしい方法」で敬老の日のお祝いをすることを目的として、ロールプレイングを行った。食品を様々な視点で比較検討し、話し合いを重ねて選択していた。商品資料や価格を見て比較検討するだけでも活発な話し合いとなったが、エキスパート活動で各役割の視点で新たな情報を得、班に戻って報告しあったことで更に考えが深まっていった。

　エキスパート活動、ジグソー活動などの話し合いを経て、はじめとは異なる商品を選択した班と、結果的にはじめと同じ商品を選んだ班もあった。しかし、いずれの班についてもなぜそれを選ぶのか、という理由が明確となり、学習の深まりを感じることができた。また、クロストークで他の班の意見を聞いて重要視する視点の違いや商品の組み合わせ方の工夫を発見し、生活の中に生かそうとする様子が見られた。

　授業後、自身の消費行動を振り返り、容器、フードマイレージ、食品をつくるための資源などの視点がなかったと話す生徒も多かった。どんな商品を選ぶかが自分自身の健康、環境問題にも深く関わっていること、また商品の背景にある様々な問題に目を向ける必要があることが体感できたようである。

（齋藤和可子）

「商品の背景を考える！！」

_____年_____組_____番　名前（　　　　　　　　）

1. 家族の役割分担（　　　）班　父（　　）兄（　　）姉（　　）あきら（　　　　）

2. 家族で話し合って、敬老の日のお祝いに必要な4つの食品をABCの商品から1つずつ選んでみよう。

商品	肉（約1.5Kg）	豆腐（約2丁）	しいたけ（約10個）	ホールケーキ（6人分）
選択商品に○（金額）	Ⓐ B C（15000 ）円	A Ⓑ C（300 ）円	A Ⓑ C（300 ）円	Ⓐ B C（3800 ）円
選んだ理由	有名ばいくらから高いは仕方ない！	Bは少し色が悪いけど、Bはまあまあぶさだから	しいたけは1番新鮮だから	チーズケーキあまりがいいから

合計金額（ 19400 ）円

3. 同じ役割で集まり、資料の〔視点1〕〔視点2〕を書いて、各視点の問題点と4つの食品についてABCの商品を比較しよう。まず資料を読み解き、そのうえで、各視点の問題点と4つの食品についてABCの商品を比較してわかったことを整理しよう。

視点	問題点	商品比較をしてわかったこと
1. 信頼性	・JASマーク、QRコード、トレーサビリティがないものがある。（業者に聞いてもいない）	価格が高価でも、JASマークやQRコード、トレーサビリティがあるとは限らない。（トレーパーはある）
2. 資源・環境問題	ほとんどの食品にバーチャルウォーターやパーム油が使用、日本はパーチャルウォーターをすごく使用	肉には特にバーチャルウォーターが使用されている。

4. 元の家族に戻り、それぞれの役割で得られた情報と、資料を示しながら家族に説明しよう。（役割ごとの情報のメモを取る）

説明した人の役割に○	視点	問題点や商品比較をしてわかったこと
（ ）父 （○）兄 （ ）姉 （ ）あきら	食品表示物 白のエコ油脂	ⓐ ADI＝1日の許容量（ごぶり？する体に害です）ⓑ 同化物質もトレーサビリティーが含まれている（B）（シマトマトーサり？）
（ ）父 （ ）兄 （○）姉 （ ）あきら	フードマイレージ 温度管理の素材	ⓒ便利な食品よりはエコに環境良く、日本多い ⓓプラスチックの穀物マイクロプラスチックの生態系に影響
（ ）父 （ ）兄 （ ）姉 （○）あきら	食料自給率 食品ロス	ⓔ日本39％ 大豆…6％海外から輸入する ⓕ日本では世界の食料援助の約1.7倍

5. 家族で得られた情報を基に、家族で最終的に敬老の日のお祝いに必要な4つの食品について、ABCの商品のどれを選んだらよいか解決策を話し合おう。また、なぜそうするのか理由も考えよう。

商品	肉（約1.5Kg）	豆腐（約2丁）	しいたけ（約10個）	ホールケーキ（6人分）
選択商品に○（金額）	Ⓐ B C（15000 ）円	A Ⓑ C（500 ）円	A Ⓑ C（300 ）円	Ⓐ B C（3800 ）円
選んだ理由	トレーサビリティあり、国産で、フードマイレージが低く、包装も紙で包装されてる。Bは名前はホールは輸入されてる	使ってないから、フードマイレージがまだ低めなのと、包装は紙の為、環境に優しい	包装はプラ製だけど、QRコード、トレーサビリティ、詳しい情報を買うことができる	有名店でつくってて、トランス脂肪酸脂肪酸は無い、人数分買える

合計金額（ 19660 ）円

6. 各班の環境の課題解決策とその理由を発表し合い、思ったこと・工夫されていたことなどのメモをとろう。

1班	主に環境のことを考えてフードマイレージが低いものを選ぶ。	2班 安全面を重視して他を保留にしいたけ・マークがあって安いものを選ぶ。 13200
3班	しいたけはB	4班 ちゃんと食べてくれるほうサイズで多さ？購入 19660
5班	量を考えて必要なだけだけ購入してむだにならないように	6班 19260
7班	肉はレベルB	8班 19850
9班		10班

7. 他の班の発表を聞いて、自分たちの解決策は本当に良かったのか振り返ろう。もっと別の解決策の方がよかったのではないかなど、授業を通して考えたこと、思ったことを記述しよう。

安全面・環境面などは考えられていたけど、沢山のことに決定する量を少しちゅう？で用意しようと思ったけれど用意ができなかった。事例を振にし考えたらよかった。
これから買う際に、他のことにもっとしっかりみてどれを買うべきか選びたい。

自己評価	①役割の視点について考えることができたか	Ⓐできた。 B まあできた。 C できなかった。
	②家族に役割の情報を伝えられたか	Ⓐできた。 B まあできた。 C できなかった。
	③家族で協力して問題解決策を決定できたか	Aできた。 Ⓑまあできた。 C できなかった。

事例 5 共生社会 −みんなで廃校の活用方法を考えよう‼−

扱う内容：共生社会、家庭と地域、街づくり、家族が抱える課題

1　授業開発の視点

　高校家庭科では、よりよい社会の構築に向けて「共生社会と福祉」を学び、社会の一員として自覚を持って共に支え合って生活することの重要性を理解することが求められている。家族が多様化し、地域社会でのつながりが希薄になる中、子育てや高齢者の暮らし、家族の引きこもりなど家族が抱える問題は見えにくく、さらにグローバル化で外国にルーツを持つ日本語が話せない住民は増加している。高校生は、地域活動に参加したり、身近な家族や地域の課題を考えて街づくりに関わったりする機会はほとんどなく、支え合って生活することの意義を実感しにくい。そこで、ロールプレイングで様々な課題を抱えている地域住民になって、課題解決のために廃校になった中学校の活用方法を考えることにした。

2　本時の概要と授業設計

（1）　本時の概要

　1班4人グループで、子育て不安を持つシングルファザー（35歳）、ひきこもりの息子を持つ高齢の父親（80歳）、フレイル状態にある一人暮らしの高齢者（75歳）、外国にルーツを持つ高校生（16歳）の地域住民の役割を分担する。廃校になった中学校の再利用計画を検討する住民集会に集まった設定で、ロールプレイングで役割住民の課題を発見して、課題解決につながる廃校活用案を考える。

　本授業では、住民集会の様子を感じられるように、ロールプレイングでは、教員が行政担当者の司会役を担当して、集会の趣旨説明と進行を務める。そして、班ごとに役割住民になって自己紹介をすることで当事者の立場を実感しやすくしている。エキスパート資料では、それぞれの役割住民の課題を具体的に発見できるように、役割住民の生活状況を詳しく示している。また、役割住民は集会に集まった代表であるため、課題解決を考えるときには、このような家族の課題につながる廃校の活用を考えさせている。ジグソー活動で元の役割住民の班に戻って情報交換をして廃校の活用案を検討するときには、A3用紙などに拡大した廃校平面図を配布して、自由に活用方法を書き込みたい。廃校活用案のコンセプトも考えさせることで、クロストークでの全体発表時に活用案の意図をわかりやすく説明できる。

（2）　授業設計

住民を役割分担 →ロールプレイ →当事者になって、思いや課題を書く →住民グループで思いを言い合う。	1班4人	郁夫（35歳）	勇（80歳）	和子（75歳）	ジョゼ（16歳）
	役割住民の家族の代表者	シングルファザー（子育て不安）。昨年離婚して、10歳、4歳の女の子の3人暮らし。	ひきこもりの45歳息子の父親（8050問題）。妻死去。	高齢者一人暮らし。元栄養士で保育園勤務。この10年は自宅にこもり気味。フレイル状態	高校生（外国にルーツを持つ子ども）両親は外国人で日本語が話せない。中学生の妹がいる。

| 解決すべき生活問題は何か？
→住民グループで、問題解決策を考える | 班で役割住民の課題、廃校の活用方法を考える | 廃校になった中学校を地域住民に役立つ施設として活用するため、住民集会で要望や活用案を聞くことになった。役割の住民の問題解決につながる中学校の活用方法を考えてみよう。 | | | |

（移動）…同じ役割で集まる

エキスパート活動 （同じ役割が集まって、その立場での解決策の情報を得る） →考えることを2つ具体的に示す ※ Q1,Q2 作業や記入する枠を設ける。	役割住民の課題につながる情報を用意。一緒に作業ができるような内容。 →ジグソーで持ち帰って課題や要望をグループに説明できるような・・・	郁夫（35歳）	勇（80歳）	和子（75歳）	ジョゼ（16歳）
		Q1 役割住民の家庭状況や課題をあげよう。 この家族の状況。（生活時間、子どもの様子など） 実態の統計資料。母子家庭、父子家庭の困難性	**Q1** 役割住民の家庭状況や課題をあげよう。 この家族の状況。（家計、家族の歴史） 実態の統計資料。就職氷河期、失業などによる	**Q1** 役割住民の家庭状況や課題をあげよう。 この家族の状況。（生活時間、1日の様子、食事は宅配） 実態の統計資料。フレイル、健康、生きがいなど	**Q1** 役割住民の家庭状況や課題をあげよう。 この家族の状況。（家計、家族の困りごと） 実態の統計資料。困っていること、課題、文化
		Q2 このような家族の課題を踏まえ、解決のために、要望したいことや廃校の活用案を考えてみよう。	**Q2** このような家族の課題を踏まえ、解決のために、要望したいことや廃校の活用案を考えてみよう。	**Q2** このような家族の課題を踏まえ、解決のために、要望したいことや廃校の活用案を考えてみよう。	**Q2** このような家族の課題を踏まえ、解決のために、要望したいことや廃校の活用案を考えてみよう。

（移動）…元の班に戻る

ジグソー活動 （元のグループに戻って、建設的に持ち寄った知識を活かして問題解決策を考える）	班で役割住民の課題解決につながる廃校の活用方法を考える	得た知識・情報を発表し合う 　→エキスパートで持ち寄った課題と要望をどうするか。 　→建設的相互作用で、課題解決策（中学校の活用案）を考える 　　平面図に活用案を具体的に書き込む 　→なぜ、そうするのか、理由も考える

クロストーク （解決策をクラスで発表する。）	全体で発表	グループの問題解決策を発表する 　→なぜ、その問題解決策にしたのか、根拠を説明する

個人で振り返り （個人で解決策を評価する）	個人で問いに向き合う	個人で、決定した課題解決策でよかったのか、解決策を評価する。 　→実際の生活で解決策や対応を考える。

（野中美津枝）

3　ロールプレイング【みんなで廃校の活用方法を考えよう!!】

（1）　あらすじ

少子高齢化で3年後に町内の2つの中学校が統合することが決まった。それに伴い廃校となる一方の校舎の再利用計画が持ち上がり、住民集会がもたれることになった。

今回の再利用計画は行政主導ではなく住民の要望を踏まえ、地域の自治会を交えて市と協議しながら計画を進めることになっている。まずは第1回目の住民集会で住民からの要望の聞き取りと大まかな平面図作成の話し合いがおこなわれることとなった。

今、公民館に住民が集まり、廃校となる校舎の再利用計画についての話し合いが始まろうとしている。初めに市の担当者から今回の廃校舎再利用の目的は「地域がつながる場所にする」旨の説明があり、これを実現するために日頃抱えている困難や要望を積極的に出してもらいたいとのことであった。さらに、住民の課題解決につながる具体的な施設の活用方法や廃校利用の<u>コンセプト</u>注について話し合うことになった。

（注：コンセプト　企画などで、全体を貫く基本的な観点・考え方）

（2）　役割

<table>
<tr>
<td>
子育て不安を持つシングルファザー
郁夫さん（35歳）</td>
<td>
ひきこもりの息子を持つ高齢の父親
勇さん（80歳）</td>
</tr>
<tr>
<td>4歳児と10歳児（小4）の二人娘を抱えたシングルファザー。去年離婚し、正社員として働きながら子育てをしている。
仕事と慣れない家事、保育園や学童の送り迎え等、子育てで睡眠時間も削られ、日々体力的にも精神的につらい。しかし、子どもはかわいいし、その成長を見るのは楽しみである。自分の母親はすでに他界し、父は遠方におり協力は得られない。
身近に相談できる人もいない。</td>
<td>ひきこもりの息子と二人で暮らしているが、家事全般を勇が担っている。しかし、それも歳と共にしだいに辛くなってきた。
息子は就職をしていたが、2度の退職を経験した後は13年間自宅にひきこもり、昼夜逆転の生活をしている。勇さんは息子の行く末が心配でならないため、息子が何とか社会で生きていける方法はないものかと日々思いあぐねている。
今回、息子の社会復帰の足掛かりを作りたいと思い、意を決して住民説明会に参加した。</td>
</tr>
<tr>
<td>
フレイル状態にある一人暮らしの高齢者
和子さん（75歳）</td>
<td>
外国にルーツを持つ高校生
ジョゼさん（16歳）</td>
</tr>
<tr>
<td>和子さんの夫は10年前に他界し、子どもはいない。趣味は料理と裁縫で子どもと遊ぶのも大好きである。
保育園の栄養士として正社員で働いていたが、60歳で退職をした。それ以来、体力も落ちて出歩く機会も減り、さらに夫の他界も重なり、食事作りや家事もおっくうになった。今は、フレイル状態である。
仲の良い友人がいたが、亡くなったり、施設に入居したりして、遊んだり話したりする人もいなくなった。
兄弟もなく、体が動かなくなり介護が必要になった時はどうなるのだろうと心配している。</td>
<td>ジョゼは日系ブラジル人3世で、中学3年の時に両親とともにブラジルから日本に来た。まだ1年しかたっておらず日本語がうまく話せないので高校の勉強も良くわからずクラスにもなじめない。しかし、将来は進学して手に職をつけたいと思っている。
両親は日本語がほとんど理解できない。二人ともパートのため収入が不安定で生活は苦しいが、家族を大切にしている。妹たちには言葉で自分と同じような思いをさせたくないので、何とか地域に溶け込んで日本語力をつけてほしいと思っている。
今回たまたま、廃校利用の話し合いがあることを知り、この交流会に参加することにした。</td>
</tr>
</table>

（3） ロールプレイング

《第1話》

【市の担当者】（教員）

「今日は『廃校の再利用計画検討会』にお集まりいただきありがとうございました。」

「この校舎が住民の皆様にとって大切な場所となるよう、お知恵をお貸しください。」

「まず、前半の流れを説明いたします。」

「初めにテーブルごとに自己紹介をしていただきます。その際に『自分が今、困っていることは何か』もお話しいただき、皆さんの課題をリストアップしてください。」

「課題のリストができましたら、その課題解決に繋がるような廃校の活用方法を検討します。」

「それでは自己紹介から始めさせていただきます。また、どういうことで困っているかもお話ください。」

「最初に、郁夫さんよろしくお願いいたします。」

「次に、勇さんお願いします。」

「和子さんお願いします。」

「ジョゼさんお願いします。」

（坪内恭子）

廃校利用のコンセプト

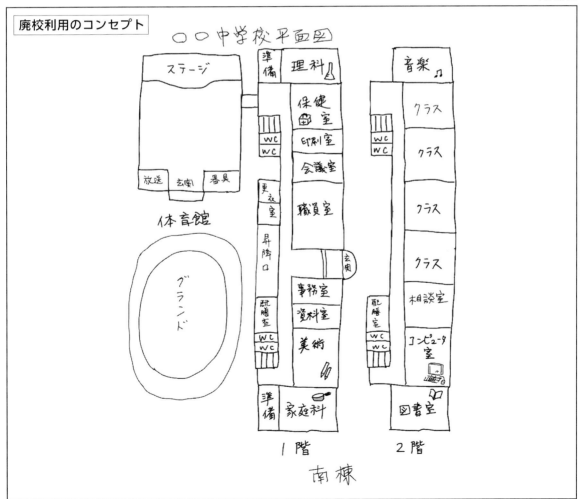

4 ワークシート

「みんなで廃校の活用方法を考えよう!!」 <u>　年　　　組　　番　　名前　　　　　　　　</u>

1. 住民役割（　　　）班；夫（　　　　　）、勇（　　　　　）、和子（　　　　　）、ジョゼ（　　　　　）

2. 自分の住民役割を読んで、状況を把握し、思い（感じたこと、どうしたいか）などを書いてみよう。

役割に○	（　　）郁夫 （　　）勇 （　　）和子 （　　）ジョゼ	

3. 住民グループに自己紹介をして、思いを発表し合って、役割住民の課題を考えてみよう。

郁夫	勇	和子	ジョゼ

4. 3であげた課題解決につながるような廃校の活用方法を話し合ってみよう。

5. 同じ役割住民で集まって資料を読み取り、この役割住民の家庭状況や課題を整理してみよう。そのうえで、このような家族の課題解決につながるような廃校利用で要望したいことや活用方法を考えてみよう。

役割に○	Q1 家庭状況や課題	Q2 廃校利用への要望・活用案
（　　）郁夫 （　　）勇 （　　）和子 （　　）ジョゼ		

6. 元のグループに戻って、それぞれの役割で得られた情報を説明する。（役割ごとのメモを取る）

役割に○	家庭状況や課題	廃校利用への要望・活用案
（　　）郁夫 （　　）勇 （　　）和子 （　　）ジョゼ		
（　　）郁夫 （　　）勇 （　　）和子 （　　）ジョゼ		
（　　）郁夫 （　　）勇 （　　）和子 （　　）ジョゼ		

7. 住民グループで得られた情報を基に、住民の課題解決につながるような廃校の活用方法を話し合って、廃校の平面図に
   アイデアを書き入れよう。なぜそうするのか理由も考えよう。

廃校の 活用方法	コンセプト【 】
理由	

8. 各班の課題解決策とその理由を発表し合い、思ったこと・工夫されていたことなどのメモをとろう。

1班		2班	
3班		4班	
5班		6班	
7班		8班	
9班		10班	

9. 他の班の発表を聞いて、もう一度、自分たちのグループの課題解決策を個人で振り返ってみよう。本当によかったのか、
   もっと別の解決策の方がよかったのではないかなど、授業を通して考えたこと、思ったことを書いてみよう。

自己評価	① 住民役割になって考えることができたか	Aできた、　　Bまあできた、　　Cできなかった
	② 自分の役割における要望を伝えられたか	Aできた、　　Bまあできた、　　Cできなかった
	③ 住民班で協力して課題解決策を決定できたか	Aできた、　　Bまあできた、　　Cできなかった

5 エキスパート資料
子育て不安をもつシングルファザー 郁夫さん（35歳）

> 身近に生活や子育てについて相談できる人がいない。
> ひとり親世帯の人たちが、もっと暮らしやすい地域になればいいな…

◆ひとり親世帯の課題は何だろうか。母子世帯と父子世帯の特徴から探ろう。

1 【郁夫さんの1日の生活時間】

時	5	6	7	8	9	10	11	12	13	14	15	16	17	18	19	20	21	22	23	24
郁夫	就寝	起床・洗面・歯磨き	子どもたちを起こす・朝食作り / 朝食 / 自身の身支度・次女の身支度介助 / 次女を保育園へ送る	通勤	仕事									退勤 / 次女を迎えに行く	夕食準備・風呂準備 / 夕食 / 次女を寝かす	次女片付け / 次女と入浴 / 次女の就寝準備	洗濯・風呂洗い / 子どもの学校・登園の準備	パソコン（仕事関係）メールチェック		就寝
長女（小4）	就寝	起床・洗面・歯磨き / 朝食 / 身支度	登校	学校						学童				帰宅	自由時間 / 次女と遊ぶ / 夕食	長女入浴 / 自由時間	学校の準備・就寝準備	就寝		

郁夫さんの吹き出し：
- 栄養バランス, ちゃんととれているか不安だな
- 身近に相談できる人がいないんだよな…
- 自分が病気をしたり, 急な仕事が入ったとき, 次女のお迎えどうしよう…
- 他の人よりも家族の時間を優先させてもらっているから, 肩身が狭いな…
- 夕食時間, 長女にどう話しかけたらいいだろう…
- 衣類の管理がよくわからない!

長女の吹き出し：
- お留守番しているうちに宿題終わらせて, 妹が帰ってきたら遊んであげないと! でも, いつも一人でちょっと寂しいな…

2 【ひとり親世帯の世帯数と経済状況】

		母子世帯	父子世帯	児童のいる世帯
	世帯数	79万3千世帯	7万8千世帯	1482万世帯
平均年間収入	世帯収入	348万円	573万円	707.8万円*1
就業状況	正規職員・従業員	44.2%	68.2%	（母）22.0%
	パート・アルバイト等	43.8%	6.4%	（母）36.3%
	その他	3.4%	18.2%	（母）8.9%
養育費	取り決め*2率	43%	21%	——
	受給率	24%	3%	——

＊1「平成28年度国民生活基礎調査」の平均所得金額(熊本県を除く)
＊2養育費の取り決め
厚生労働省委託事業の「養育費相談支援センター」で養育費の取り決めや確保をサポートする相談支援を行っている。

3 【ひとり親世帯になったことによる転職】

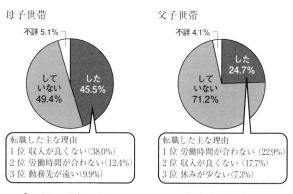

母子世帯
不詳 5.1%　した 45.5%　していない 49.4%
転職した主な理由
1位 収入が良くない(38.0%)
2位 労働時間が合わない(12.4%)
3位 勤務先が遠い(9.9%)

父子世帯
不詳 4.1%　した 24.7%　していない 71.2%
転職した主な理由
1位 労働時間が合わない(22.9%)
2位 収入が良くない(17.7%)
3位 休みが少ない(7.3%)

4 【母親と父親の平日における平均家事時間】

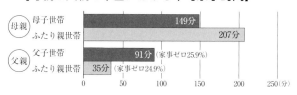

母親　母子世帯　149分
　　　ふたり親世帯　207分
父親　父子世帯　91分（家事ゼロ25.9%）
　　　ふたり親世帯　35分（家事ゼロ24.9%）
0　50　100　150　200　250(分)

5 【ひとり親世帯の悩み】

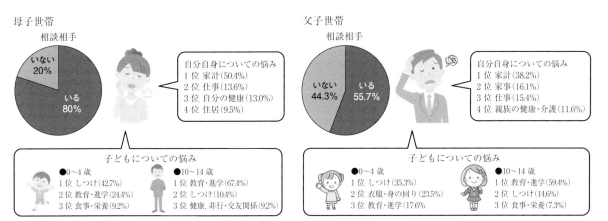

Q1　資料を読み取り、この家族の家庭状況や課題をワークシート5に書こう。

Q2　このような家族の課題を踏まえ、課題解決のために要望したいことや廃校の活用案をワークシート5に書こう。

【郁夫　エキスパート資料の教員用解説】

　現在4歳と10歳の娘を持つシングルファザーである郁夫さんは、生活や子育てについて不安を抱えているが相談相手がいない。この資料では、Q1で郁夫さんの生活を例にひとり親世帯の実態および課題を把握し、Q2では地域のそのような家族の課題における解決方法の工夫を考案させることを意図している。

■Q1. 資料を読み取り、この家族の家庭状況や課題をワークシート5に書こう。

　まず郁夫さんと長女の1日の生活時間や各生活場面における心境や悩みを把握し、シングルファザーの生活実態をイメージする。次に母子世帯と父子世帯の統計的な実態を比較し、父子世帯では母子世帯よりも正社員の割合が高いが育児や家事に充てられる時間が少なく、子育てに関する知識（特に子供の衣生活や食生活）が乏しい傾向にあることを推察する。

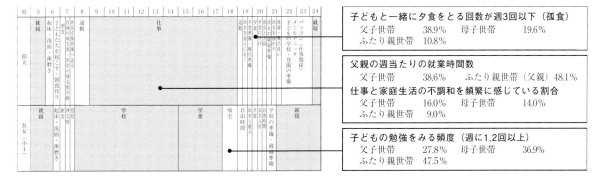

■Q2. このような家族の課題解決のために要望したいことや廃校の活用案をワークシート5に書こう。

　Q1の課題解決の方法として、シングルファザーが子育てに関する知識を得られ気軽に相談できる機会を設けられるような廃校の活用案を考えたい。（例：一人暮らしの高齢者などによる子育てや家事についての相談窓口を設置する。託児所を作り子どもを預けられるようにする。）

参考）独立行政法人労働政策研究・研修機構：子どものいる世帯の生活状況および保護者の就業に関する調査2018（第5回子育て世帯全国調査）

（村上睦美・小清水貴子）

5 エキスパート資料
ひきこもりの息子を持つ高齢の父親 勇さん（80歳）

自分はもう80歳台…家事をするのも辛く、自分が死んだらこの先息子はどうなってしまうのだろう

1【勇さん家族の歴史】

主な出来事		
勇	妻	息子
51歳、資源開発でブラジルへ単身赴任。	46歳	16歳、高校（進学校）へ進学する。
54歳、ブラジルから帰国。	49歳	19歳、有名大学に進学する。
58歳	53歳、病気で入院。	23歳、就職氷河期の中、大手IT企業に就職。
60歳、定年で回復した妻と記念旅行へ。	55歳	25歳、会社の残業で休みが取れない日々が続く。
62歳、再就職で仕事を始める。	57歳	27歳、会社が倒産し、就職先を探し始める。
65歳	60歳	30歳、中小企業に再就職するが、同僚や上司とうまくいかずに直ぐに退職。
67歳、再就職先を退職。	62歳	32歳、再就職先がなかなか見つからず、徐々に出かけないようになる。
70歳、妻の入院費用を退職金で支払いながら、家事や介護を行う。	65歳、病気が再発し入院。	35歳
75歳	70歳、死去	40歳、再就職もできないまま、塞ぎ込んで自室から出ないようになる。

現在、80歳の勇さんが家事をしながら、45歳の息子と二人で暮らしているが、、、。

息子が就職できて一安心！老後はのんびり妻と二人で趣味を楽しみたいな。

家族と離れるのは寂しいけど、自慢の息子のために、しっかり働いて学費を貯めよう！

退職か・・・。あっという間だったな。我ながらよく頑張ったなあ。

2【勇さん家族の家計状況】

項目		金額（円）	内訳など
収入	勇さん年金	150,000	社会保険料天引き後の手取り
	収入合計	150,000	
支出	居住費・光熱費	42,000	家修繕積み立て・電気・水道・ガス
	食費・日用品	65,000	食費や家事用品・衛生用品・被服費など
	医療費	10,000	歯医者や薬局での薬の購入など
	娯楽費・通信費	33,000	携帯電話や雑誌の購入など
	支出合計	150,000	

＊貯蓄は500万円程度

3【8050問題・就職氷河期世代・ひきこもりとは？】

○ 8050 問題：ひきこもり状態や無職の中年の子と、高齢の親が同居する家庭が、社会から孤立し、経済的な困窮などさまざまな問題を抱え込んでしまうことがある。80代の親と50代の子の家庭に目立つことから、8050問題と呼ばれている。また、成人した子どもの問題は親である自分たちの育て方が悪かったのではないか、などの負い目から家庭内で問題を解決しようとし、誰にも相談できないことも多い。

○就職氷河期世代：バブル崩壊後の1993年〜2005年に就職活動をした世代は、不景気などが原因の就職難で募集も少なく4人に1人は就職ができなかった。就職できても低賃金の非正規雇用の場合がほとんどで突然解雇されてしまうケース、過労により体調を崩し、過労死やうつ、ひきこもりの原因になることもある。

○ひきこもり：国が用いる定義では、仕事や学校などの社会参加を避けて家にいる状態が半年以上続くことを言う。内閣府調査では、ほとんど自室や家から出ない「狭義のひきこもり」に加え、趣味の用事のときだけ外出する人も含めた「広義のひきこもり」を推計している。

4 【40~65歳のひきこもりの人数と割合】

家または自室から
ほとんど出ない
9.1万人
15%

趣味での用事では
外出
24.8万人
40%

61.3万人

近所のコンビニ
等に外出
27.4万人
45%

出所:内閣府「生活状況に関する調査報告書」

5 【ひきこもり以外に本人が抱える問題（複数回答上位2項目）】

1	就職活動や仕事への定着困難	88.1%
2	人間関係・コミュニケーションの問題	70.6%

KHJ全国ひきこもり家族会連合会による調査(2018年)

6 【ひきこもりに関するニュース】

事例 高齢の親が、引きこもる中高年の子どもを支える「8050問題」に取り組む全国組織「全国家族・市民の会エスポワール8050問題ネットワーク」が2019年8月に発足した。引きこもり対策というと、就労支援がクローズアップされがちだが、代表理事の山田さんは「引きこもりは働かせたらいい、ではない」「自分の思いを語れるようになることこそが大事。誰かとつながり、思いを伝えられるようになれば『助けてほしい』と言えるようになる」「親は『この子を殺して自分も死のう』と一度は考える。本人だけでなく、親も、きょうだいも、みんな悩んでいる」と語る。

神戸新聞NEXT記事（2019.11.2より編集）

Q1 資料を読み取り、この家族の家庭状況や課題をワークシート5に書こう。

Q2 このような家族の課題を踏まえ、課題解決のために要望したいことや廃校の活用案をワークシート5に書こう。

【勇 エキスパート資料の教員用解説】

勇さんはひきこもりになった息子と2人で暮らしている高齢者で、これからの生活に不安を抱えている。高齢者とひきこもりの無職の中年が暮らす家族は、8050問題として取り上げられ、高齢化に伴いますます深刻化し、日本の社会問題の1つとなっている。ここでは、些細なきっかけから世間とのコミュニケーションを絶ってしまう人がいること、個人の努力だけでは解決できないことを理解することを意図している。

■Q1. 資料を読み取り、この家族の家庭状況や課題をワークシート5に書こう。

勇さんの家族の歴史から、勇さんがこれまで海外への赴任などもこなし、しっかり定年まで働いてきたこと、妻が病気になってからは、家事や介護も行ってきたことを読み取りたい。また、息子は有名大学に進学し、大手企業に就職するなど順風な人生であったにも関わらず、景気などが原因の就職難でひきこもりになってしまったことから、ひきこもりは個人の頑張りだけでなく社会の状況によっては、誰にも起こりうることにも気づきたい。

■Q2. このような家族の課題を踏まえ、課題解決のために要望したいことや廃校の活用案をワークシート5に書こう。

勇さんの息子が将来、ひとりで生活できるような支援を考えたいが、単に、もっと社会に出て行けばいい、頑張って働けばいい等のような強引な要望にならないよう考えたい。また、8050問題では、ひきこもりの中高年だけでなく、その高齢の親も含めた家族が、社会から孤立してしまうことが問題であるので、勇さん自身が社会から孤立しないような要望も考えたい。勇さんの家族の家計状況からは、勇さんの年金で生活している状況であることを読み取り、この先このままでは息子の生活が立ちゆかなくなることに気づきたい。

(齋藤和可子・小林久美)

フレイル状態にある一人暮らしの高齢者
和子さん（75歳）

最近、足腰が弱って買い物に行くのも、食事を作るのもおっくうだわ。そうだ、宅配弁当を頼みましょう。年金も貯金もお金はあるんだし…。

1 【フレイルとは？】

　加齢に伴い心身の機能が衰えた状態を「フレイル」といい、放置すると要介護状態になる。原因としては、「**身体的要因**」だけでなく、うつや認知機能の低下に伴う「**心理的要因**」、閉じこもりや外出機会の減少に伴う「**社会的要因**」など、様々な要因が重なり合うことで引き起こされる。「**運動**」「**栄養**」「**社会参加**」を意識して生活することで改善できる。平均寿命と健康寿命の差は、日常生活に制限のある「**不健康な期間**」である。

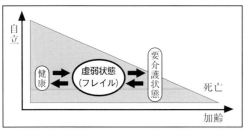

厚生労働省第2回在宅医療および医療介護連携に関するWG資料より　2016.9

2 【フレイルの多面性】

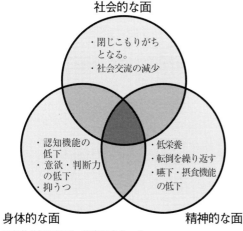

長寿科学振興財団：健康長寿ネット

4 【和子さん10年前と現在の生活時間の比較】

＜10年前まで・・・＞		＜現在＞
5:30 起床　草むしりと散歩		
6:30 朝食作り　庭の野菜を使い、特製スムージー作り。		予定はないけど、起きるとしますか…。
7:00 夫と朝食　ゴミ出し、洗濯物ほし	8:30	起床　テレビをみながら、パンと牛乳で朝食。
8:00 近所の小学校のボランティアで横断歩道に立つ。	9:00	新聞をとりにいく。テレビをかけながらぼぉっとしている。
9:30 近所の友達とおしゃべり		
10:00 スーパーに買い物		テレビもあまりおもしろくないわね。
11:00 昼食作り　手打ちうどんと天ぷら。夫とランチ		
13:30 近所の友達と体操教室へ		
15:00 手作りクッキーと紅茶で一息	12:00	家にあるものでお昼ごはんにする。
16:00 洗濯物を取り込む。お風呂の準備。繕いもの。	13:00	昼寝をする。
17:00 夕食準備	16:00	郵便受けをみにいく。
18:30 夫と夕食を食べる	17:30	宅配弁当が届き、食べる。
20:00 テレビドラマを見ながら刺繍	18:30	入浴
21:30 入浴	20:00	就寝
22:00 読書しながら就寝		やることもないしもう寝るわ。

3 【平均寿命と健康寿命の差 (2016年)】

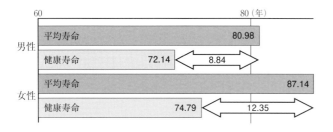

厚生労働省「第11回健康日本21（第二次）推進専門委員会資料」（平成30年3月）

5 【高齢期の健康管理で大切なことは】

・規則正しい生活をすること
・定期的な運動（散歩や体操）をすること
・バランスのよい食事をすること
・社会活動に参加すること
・薬に頼りすぎないこと
・かかりつけ医をもつこと

「国立長寿医療研究センター・東浦町作成
健康長寿教室テキスト第2版」2020. p.40 より

6 【生きがいを感じる時】

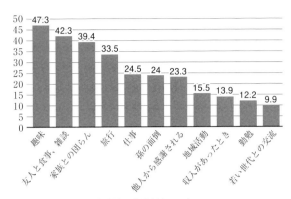

内閣府「高齢者の日常生活の意識調査 H26」

7 【体操教室参加者が体操を6か月以上継続して得た効果 (995人)】

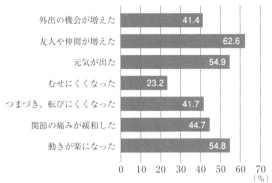

ヘルシーポケット No.77 茨城県立健康プラザ発行

Q1 資料を読み取り、この家族の家庭状況や課題をワークシート5に書こう。

Q2 このような家族の課題を踏まえ、課題解決のために要望したいことや廃校の活用案をワークシート5に書こう。

【和子　エキスパート資料の教員用解説】

　高齢者の一人暮らしは、2015年には男性13.3%、女性21.1%となっており、夫婦のみの世帯と合わせると高齢者のみの世帯は56.9%であり、超高齢社会で増加する、高齢者の心身の健康の問題を取り上げた。

　Q1では、和子さんの1日の生活時間を通して、フレイルがどんな状態かを理解することを意図している。フレイルは、適切な心掛けをすることで改善できる。放置して、機能的な障害が生じてしまうと、自立状態に戻ることが難しくなる。フレイル状態は、予防や回復が可能なので、早めの対処が重要である。

　「運動」「栄養」「社会参加」は、フレイル予防・改善のポイントであるが、それぞれが深く関係している。3食きちんと食べて栄養価の高い食事をとる

出典　国立長寿医療研究センター・東浦町作成「健康長寿教室テキスト第2版」2020より引用

ことによって低栄養を防ぎ、適度な運動をして身体機能を維持し、積極的に外出して地域や社会と関わりをもつことによって、健康を守り、認知機能の衰えを防ぎ、生きがいを感じることもできる。高齢者の一人暮らしは、新しい人間関係や技術や制度の進歩についていけないこともあり、Q2で、これらの課題解決を考えさせたい。

■ Q1. 資料を読み取り、この家族の家庭状況や課題をワークシートに書こう。

　和子さんの生活時間から、社会から孤立しがちで、運動不足や張り合いの喪失、栄養の偏りを招きやすいフレイル状態を読み取りたい。

■ Q2. このような家族の課題を踏まえ、課題解決のために要望したいことや廃校の活用案を書こう。

　高齢者が能力を生かして役割を担える場となったり、「運動」「栄養」「社会参加」にかかわって、気軽に参加できる活動を考えたい。

（石引公美・神澤志乃・吉野淳子）

5 エキスパート資料
外国にルーツを持つ高校生 ジョゼさん

> 高校の授業は難しいけど進学したいし、もっと日本のことが知りたいな。中学生の妹たちの高校進学も心配だ。

1 【ジョゼさん一家の困りごと】

1. 日本語がわからない。ポルトガル語が通じない。
2. ブラジルと日本では習慣や文化が違う。日本の習慣や文化を知りたい。
3. 夕食を準備してもらえない（食べ盛り・育ち盛りのジョゼと妹2人）。
4. 妹たちは高校に進学して、将来は看護師になりたいが、日本の中学校での勉強がわからない。
5. ジョゼは大学に進学して、将来は一級建築士になりたいが、高校の勉強についていけない。
6. 友人ができない（親もジョゼも妹たちも）。
7. 災害や緊急事態の対処の仕方がよくわからない。
8. 病気やけがの時の対処の仕方がよくわからない。
9. 両親の仕事は非正規雇用で不安定。
   - 父：非正規雇用（土木作業員）
   - 母：非正規雇用（コンビニでアルバイト）

2 【ジョゼさん一家の家計状況】

	項目	金額（円）	内訳など
収入	毎月の世帯収入	280,000	父と母の手取り合計＊1
	年間のボーナス額	なし	
	収入合計	280,000	
支出	居住費	30,000	父の会社の社宅
	食費	70,000	妹の給食費2人分を含む
	水道光熱費	14,000	
	家具・家事用品費	6,000	洗剤・トイレットペーパー等
	被服及び履物	10,000	
	交通・通信	22,000	交通費は徒歩・自転車のため0円
	教育費	17,000	ジョゼの修学旅行積立、文房具
	教養娯楽費	12,000	お小遣いはなし、雑誌
	実家への仕送り	33,000	ブラジルの両親へ送金
	借金の返済	40,000	日本への渡航費用の返済＊2
	貯蓄	26,000	子どもの進学資金
	支出合計	280,000	

＊1 社会保険料・税金を天引きされた手取り合計額
＊2 現在の負債総額：日本に来るための渡航費用等幹旋業者に100万円

3 【外国にルーツを持つ 子どもたちの受け入れ体制】 （リディラバジャーナル「外国ルーツの子ども」より）

> **多文化共生**とは国籍や民族などの異なる人々が、互いの文化的ちがいを認め合い、対等な関係を築こうとしながら、地域社会の構成員として共に生きていくこと。
>
> 総務省「多文化共生の推進に関する研究会報告書」より

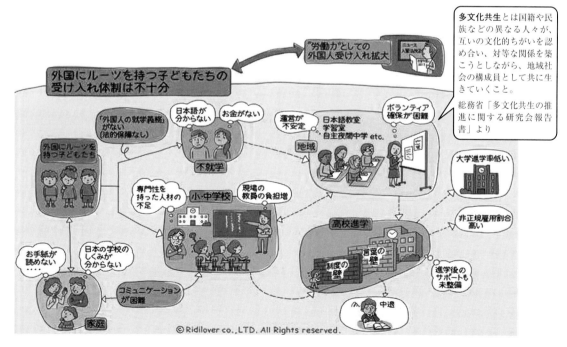

©Ridilover co.,LTD. All Rights reserved.

4 【日本語指導が必要な高校生などの進路状況】

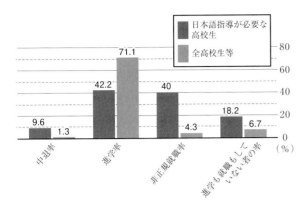

凡例：
- 日本語指導が必要な高校生
- 全高校生等

項目	日本語指導が必要な高校生	全高校生等
中退率	9.6	1.3
進学率	42.2	71.1
非正規就職率	40	4.3
進学も就職もしていない者の率	18.2	6.7

(%)

文部科学省総合教育政策局（平成 30 年度）
https://www.mext.go.jp/content/1421569_002.pdf

5 【日本人市民と外国人市民の相互理解を深めるために必要な機会】

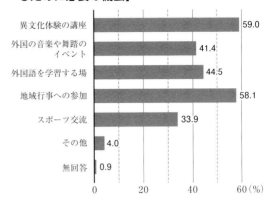

項目	値
異文化体験の講座	59.0
外国の音楽や舞踏のイベント	41.4
外国語を学習する場	44.5
地域行事への参加	58.1
スポーツ交流	33.9
その他	4.0
無回答	0.9

(%)

(H29 年度浜松市の調査（N = 227）※複数回答)
https://www.city.hamamatsu.shizuoka.jp/koho2/moni/29-5/01tabunkakyosei.html

---

Q1. 資料を読み取り、この家族の家庭状況や課題をワークシート 5 に書こう。

Q2. このような家族の課題を踏まえ、課題解決のために要望したいことや廃校の活用案をワークシート 5 に書こう。

【ジョゼ　エキスパート資料の教員用解説】

　2019 年末の在留外国人数は、293 万 3,137 人で、前年末に比べ 20 万 2,044 人 (7.4％) 増加となり過去最高となっている。これは 7 年連続の増加であり、日本社会の外国人の存在感が高まりつつあるといえる。ここでは、多くの外国人住民が抱える問題をジョゼさんの一家の場合として取り上げ、具体的に紹介している。ジョゼさん一家の困りごとを読み取り、日本人と外国人が共生しながら築いていく多文化共生社会の実現が求められていることに Q1,Q2 の活動を通して理解することを意図している。

■ Q1. 資料を読み取り、この家族の家庭状況や課題をワークシート 5 に書こう。

　一家は、借金の返済やお小遣いがないなど家計状況が厳しく不安定であることを理解したい。外国にルーツをもつ子どもたちの受け入れ体制は充分でなく、進学が困難で、コミュニケーションも取りづらく孤立しがちであること、さらに、学校や日本語教室などで専門性をもった人材の不足や運営の不安定さにも気づきたい。

■ Q2. このような家族の課題を踏まえ、課題解決のために要望したいことや廃校の活用案をワークシート 5 に書こう。

　日本語教室、塾、子ども食堂など子ども支援を行う活動や文化体験、教室開催、避難訓練の実施など様々な創造的な活動を協働して取り組むことにより、日本人と外国人が相互理解を深め地域でつながりが生まれることに気づきたい。

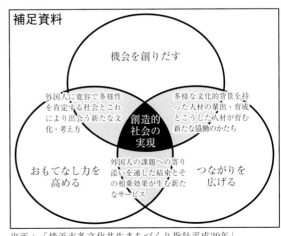

補足資料

出所：「横浜市多文化共生まちづくり指針平成29年」

（新山みつ枝・齋藤美重子）

6 授業実践例（ワークシートの生徒の記述内容）

＊下記の授業実践をふまえ、本書の教材は改善を加えています。

（1）住民グループでみつけた役割住民の課題と解決策

班	課題	廃校の活用方法
1班	郁夫：子どもの保育施設 勇：息子の社会復帰 和子：高齢者向けの施設 ジョゼ：日本語を学べる施設	子どもと高齢者が触れ合える施設(年齢制限はない) 日本人と外国人が自由に触れ合える施設
2班	郁夫：シングルファザー：相談できる人、育児サービスがほしい 勇：ひきこもりの息子がいる高齢者。息子の社会復帰。自分が困ったときに相談できるサービス。 和子：外に出るのが大変。話し相手がいる空間。 ジョゼ：妹たちが地域に馴染めるようにしたい。(日本語力向上)	ふれあい老人ホーム→育児・保育の代行(ボランティア)、相談サービス(窓口)、ハウスヘルパー(ひきこもりなど職のない人を雇う)
3班	郁夫：子育てシングルファザー。子育ての時間を減らしたい。子育てのアドバイスがほしい。 勇：息子が社会復帰を怖がっている。家事が大変 和子：年金一人暮らし。話し相手がなくフレイルに。介護が不安。 ジョゼ：求む日本語力	ふれあい広場 コミュニティーを作るところ
4班	郁夫：送り迎えが大変。シングルファザーにやさしい場所を求む。 勇：息子の社会復帰ができる場所がほしい。 和子：頼れる人がいない。介護してほしい。 ジョゼ：地域の人とうまく溶けこめない。日本語が話せない	0歳から小学生までを預かる施設にする→保育士の資格がある人を軸に和子さんのような子供好きのお年寄りが手伝うコミュニケーションが取れる場が必要

（2）エキスパート活動で役割ごとに収集した情報

役割	Q1.家庭状況や課題	Q2.廃校利用への要望や活用案
郁夫	郁夫が持つ自由な時間がない。 母親としての役割を担うのが難しい。 急な出来事の際、頼れる人がいない。 子育てについて相談できる人がいない。	相談できる人(同じ境遇) 母親がいない家庭なので、どのようにふるまうべきか。相談室を使い交流する。 夕食を地域の人と取る。交流できる場所
勇	8050問題 妻の入院費・葬式代、息子を有名大学に入れたせいで貯蓄が少ない。 息子のひきこもり。社会復帰させたい。 家事が大変。	技術を身につける場が必要 相談相手をつくる。 学童の相手 フレイルの人のドライバー 廃校利用のスタッフとして働く。

役割	Q1.家庭状況や課題	Q2.廃校利用への要望や活用案
和子	他人と交流がない。 運動をしていない。 栄養不足 生き甲斐が無さそう。	おしゃべりをして交流できる場所 料理や裁縫教室の開催 子どもとの交流 ラジオ体操を体育館でやる
ジョゼ	日本語わからない。ポルトガル語OK。 子ども達は学校についていけない。 緊急時や病気の時の対処法が分からない。 両親は非正規雇用。	ステージを利用して異文化交流の場を設ける。 ボランティアで塾などを開いてもらう。 ジョゼ一家が日本人に対しアルバイトで外国語を教える。

（3）ジグソー活動で元の住民グループに戻って、エキスパートで得られた情報を基に話し合った廃校の活用方法

班	廃校の活用方法	理　由
1班	コンセプト【幅広いコミュニティ】 音楽室・・・異文化交流 相談室・コンピューター室・・・再就職先相談室 体育館・グランド・・・自由に運動できる場 家庭科室・・・子ども食堂	音楽室：外国人が日本人に向けて文化を教える。日本人が外国人に日本語を教える。外国人が働ける場所・学べる場所 体育館・グランド：フレイル改善 子ども食堂：フレイルの改善、子どもを預ける。
2班	コンセプト【幅広いコミュニティ】 クラスルームだったところを宿泊場所とする(和子や郁夫の子どものため) 教育室を窓口として相談室(会議室)、託児所(美術室)、勉強できるところ(図書室)、体操教室(体育館)とする。	地域で子育て、老人たちのコミュニケーションの場とすることで、孤独だったり、育児ノイローゼの人を救うような場所にしたい。
3班	コンセプト【地域全体で支え合う】 家庭科室では料理教室を開き、クラスルームを使って日本語教室。夕食の提供 体育館とグランドでラジオ体操 勇とジョゼは全体のスタッフとして清掃・警備など	幅広い年代が楽しめるようにして、それぞれの住民の問題を解決できるようにした。
4班	コンセプト【みんなのいこいの場】 談話室を設けて、地域の人たちの仲が深まれば、ジョゼも話をするうちに日本語が身に着くと思う 老人も生き甲斐ができればとても良い 空き教室：子どものあずかり施設、大人たちが自由に使えるようなラウンジ。 その他教育：料理教室を開いたり、自習室を作る。 グランドや体育館：定期で地域の体育祭などを開く際に使う。	それぞれの特技を生かせて、なおかつそれぞれの不得意な部分を補うことができるような場所があると良いと思ったから。 子どもも大人も様々な人と交流ができればよいと思ったので、子どもの遊具部屋、大人用のラウンジを作った。また、料理教室を開くことで家事を身につけられるようにした。

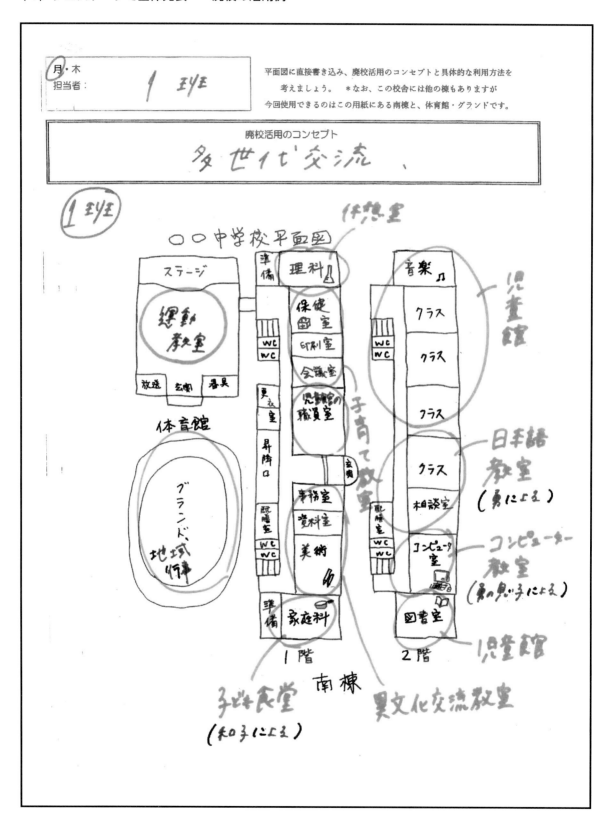

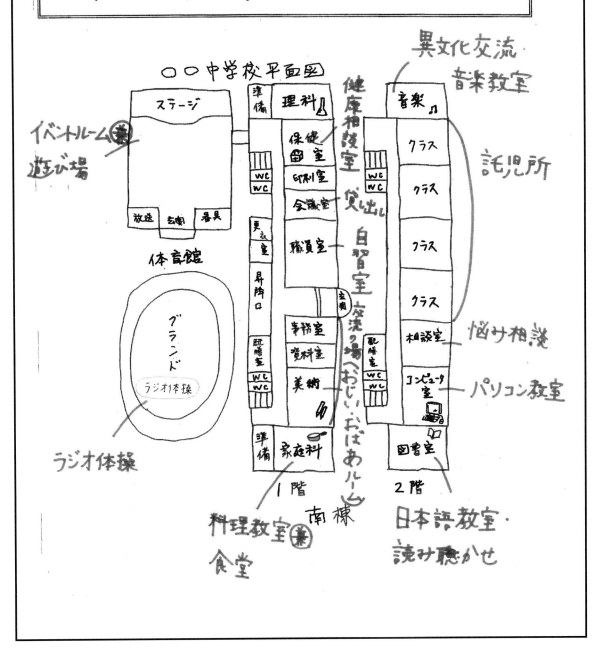

担当者 (月)・木
3 班

平面図に直接書き込み、廃校活用のコンセプトと具体的な利用方法を
考えましょう。　＊なお、この校舎には他の棟もありますが
今回使用できるのはこの用紙にある南棟と、体育館・グランドです。

廃校活用のコンセプト
地域住民に寄り添ったコミュニティーセンター

〇〇中学校平面図

イベントルーム(電)
遊び場

ステージ

準備

理科

健康相談室　貸し出し

異文化交流
音楽教室

音楽♪
クラス
クラス

託児所

放送　玄関　番具

保健室
印刷室
会議室
職員室

体育館
ブランド
ラジオ体操

更衣室
昇降口
既喫室
WC WC

WC WC

自習室　交流の場(おじい・おばあルーム)

クラス
クラス

悩み相談

相談室

ラジオ体操

事務室
資料室
美術
WC WC

配膳室
WC WC

コンピュータ室
図書室

パソコン教室

準備
家庭科

1階

南棟

2階

料理教室(電)
食堂

日本語教室・
読み聴かせ

（5）解決策を個人で振り返り

役割	記　述　内　容
A	皆コミュニケーションをとれるような場所を設けていたから、やはりそれは必要不可欠だなと思った。個人的には5班のアクティブな施設にする案がとても良いと思った。健康にも精神的にも良い影響を与えるから、取り入れるべきだと思った。でも有効活用するためには、やはり図書館や私たちの班の案の自習室もあったら良いと思ったから、1階と2階とが上下で静かな場所を区別するのがなお良いと思った。また、2班の悩みの相談場所も絶対に取り入れるべきだと思った。最近、自殺が増えていると聞いたし、自分の住んでいる地域の人が自殺したら、知り合いでなくても悲しい気持ちになると思うから。
B	お料理教室も良いが、子ども食堂も良いなと思った。悩みの掲示板のように廊下の活用も考えた方が良かったなと思った。人によって悩みが違うけど、つなげて解決できる場合もあるんだなと思った。
C	体育館で地域の行事を行う案を他の班があげていて、とても良いと思った。単独世帯が増える現代でも人とのつながりを維持できて地域の活性化にもつながると思う。
D	グランドと体育館をみんなが運動できる場として使用するのは良いと思う。勇さんの息子さんはコンピューター教室を再就職の場とするのはいいが、施設のスタッフもいいと思う。
E	1階、2階をうるささで分けるという意見がとても良いと思った。バリアフリーにするという意見は出なかったが、多くの世代の人や体の不自由な人にも利用してもらうには必要だと思う。子ども食堂は、一人親世帯の子どもの孤食を減らすためにも設置するべきだし、一人親世帯でなくても親の負担を減らせるので必要だと思う。
F	宿泊は思いつかなかったが、とても良い案だと思った。宿泊費をそのまま維持費にできるということを考えると、かなり現実的な案だと思える。皆が活用できる場所というのも大切だが、そこだけに着目しすぎたため、どのように維持していくかを考えていなかった。
G	地域交流のための場として活用案を考えたが、シェアハウスや宿泊施設として活用しようとしている班を見て視野が広がった。相談室を育児・健康などの相談所として活用するのはとても良いと思った。図書館での読み聞かせ、美術室でのクラフト体験、理科室での科学実験を行えば、交流の機会をさらに増やせそうだ。

7　授業における生徒の学び

　ここには、子育ての悩みを抱えたシングルファザー、ひきこもりの息子を抱える高齢者、夫に先立たれフレイル状態に陥った高齢者、日本語がほとんど分からず友人もできず、勉強にもついていけない外国にルーツを持つ高校生など、様々な悩みを抱えた地域住民が登場する。今回はこれらの人々の悩みを汲み取りその課題の解決策を「廃校舎の活用」という切り口を使って見出す学習活動である。この授業実践の中から、生徒たちは保育室、子ども食堂、図書館での読み聞かせやクラフト体験等の子どもたちの居場所やスポーツイベント、誰もがコミュニケーションを取れる場としてのラウンジ、困りごと相談室等の大人の居場所、さらには、宿泊施設、日本語・外国語教室など幅広く住民の要望に対応した解決策を考えている。また、登場人物がそれらの施設でスタッフとして働くという案まで考えが及んでおり、まさに共生社会を自分たち自身の課題としてとらえることができたと言える。

（坪内恭子）

「みんなで廃校の活用方法を考えよう！」　　　年　　組　　番　名前　　　　　　　

1. 住民役割（　）雅夫（　）勇（○）和子（　）ジョゼ

2. 自分の住民役割を読んで、状況を把握し、思い（感じたこと、どうしたいかなど）を書いてみよう。

役割に○	
（ ）雅夫	日本語があまり話せない
（ ）勇	休んだりにつらいと思いほさせたくない
（○）和子	地域で日本語を与りにつける機会がほしい
（ ）ジョゼ	

3. 住民グループに自己紹介をして、思いを発表し合って、役割住民の課題を考えてみよう。

	雅夫	勇	和子	ジョゼ
睡眠時間	自由時間がない	いて仕事をするのが不満	仕事の支援がなく孤独	日本語・文化に慣れていない
発表を通して思ったこと、役割住民の課題を考えてみよう	地域を見て帰れるのがうれし日本文化と将れない	息子が引きこもっていて、息子どうなるのか心配	体力が落ちてフレイルが心配、緊急歯に対処できない	食べ慣れる、緊急歯に対応できない生活が苦しい

4. 3であげた課題解決につながるような廃校の活用方法を話し合ってみよう。

雅夫・勇：日本語での料理教室を開き、和子と父が料理の世話をする

5. 同じ役割住民で集まって資料を読み取り、この役割住民の家庭状況や課題を整理してみよう。そのうえで、このような課題解決につながるような廃校利用や要望を考えてみよう。

役割に○	Q1 家庭状況や課題	Q2 廃校利用や要望・活用案
（ ）雅夫	収入がプラスマイ０で貯金ない	和子の料理教室で料理を習う 家庭科室
（ ）勇	友人がいない 社会交流がない	日本語教室・日本文化講座
（○）和子	勇の体がもろい	フレイルの文化紹介
（ ）ジョゼ	事起床後、息子がいない心配	

6. 元のグループに戻って、それぞれの役割から得られた情報を説明する。（役割ごとのメモを取る）

説明者に○	家庭状況や課題	廃校利用の要望・活用案
（ ）雅夫	友人いない 場所	食事ができる ほしいのでい、ふらっ
（ ）勇	運動	料理教室で交流
（○）和子	勇の体がもろい	ランプ体操とな作り inグランド
（ ）ジョゼ	事起床後、息子がいない心配	IT関係の仕事 パソコン教室 in CP室
	らんがね大変、自由にやんと	料理教室
	栄養バランス分から	保育・認定こども園
	分の首気大変、栄養バランス分からない。	コミュニティセンターがほしい

7. 住民グループで得られた情報を基に、住民の課題解決につながるような廃校の活用方法を話し合って、廃校の平面図にアイデアを書き入れよう。なぜそうするのか理由も考えよう。

コンセプト【 異文化と地域 交流、つながり 】

廃校の活用方法	家庭科室を料理教室として活用・喫茶室・体育館で異文化交流・教室を倉庫として入れる場所に	コンピューター室でパソコン教室・グラウンドでラジオ体操2・保育のための美術 図書・教室利用
理由	・喫茶スペースからわからない人、料理が作れない人の問題を解決・文化交流で日本の文化・言語を学び、地域の交流になる。	・食事も食事でない安心、遊びで必要になる。・ITの仕事をしていて、南の息子に来てもらう、和の自立につながる。・グラウンド・体育館での体操・運動をする、フレイルの子防と地域のふれあい。・託児の場所で入り・美術

8. 各班の課題解決策とその理由を発表し合い、思ったこと、工夫されていたことなどのメモをとろう。

班	メモ
1班	シェアハウス グランド→体・運動 喫→食・エレベーター作る 相→来客スペースに 風呂は 料理の部屋
2班	ア・体→運 プログラミング教室 もろんとりをリノベーションする総合施設
3班	体→ジャーイベント 介護・住居民へ 住泊できるイ 理→寝まタメ	4班	借り間できる公民館 ・１料のクラス →借泊する
5班	あるなゆに・ラジオ体操とか→グラウンド→体育館 勇ベンジョンに日本語 in会	6班	・惜→託児・相談・ラーナールーム
7班	習い事・ランゲのみそとゆ ピアノ教室・レンタルルーム パソコン教室	8班	談話室・レンタルルーム 体育館→プレイルーム 各→異文化・ピア教室 喫・喫→交流の場 保・健康相談 図→コラ教室 編→多目的 クラス・託児所 CP→パソコン教室
9班		10班	

9. 他の班の発表を聞いて、もう一度、自分たちのグループの課題解決策を個人で振り返ってみよう。本当によかったのか、もっと別の解決策の方がよかったのではないかなど、授業を通して考えたこと、思ったことを書いてみよう。

地域の交流のための場として活用する考え方はよかったが、シェアハウスや他施設など自分たちが考え出せないことが多かった、IIを見て視野が広がった。相談所以外に活用するための道も大切だと思った。図書館のスペースで料理の材料作りや理科室でのグラフト体験など交流の機会を得た端からとなった。

自己評価			
①住民役割になって考えることができたか	（A）できた。	B まあできた。	C できなかった。
②自分の役割における要望を伝えられたか	（A）できた。	B まあできた。	C できなかった。
③住民課題解決に協力して課題解決策を決定できたか	（A）できた。	B まあできた。	C できなかった。

第Ⅲ部

授業実践事例集

教育図書株式会社ホームページ内の、本書を掲載しているページから、
第Ⅲ部　事例1～4の授業資料のデータをダウンロードすることができます。

ライフステージの食生活
－家族の食生活の悩みを解決する献立を考えよう－

扱う内容：ライフステージの食生活、食事摂取基準、食品群別摂取量、献立作成

1 授業開発の視点

　高校家庭科では、生涯を通して健康に過ごすためにライフステージごとの食生活の課題を理解して、家族の食生活の計画・管理ができるようになることを目指している。健康を維持するために必要な栄養素量が食事摂取基準で示されているが、私たちは栄養素をそのまま食べているわけではない。食事摂取基準を満たすために具体的に食品に置き換えて示した食品群別摂取量を活用して献立を立てることが必要で、栄養素と食品と献立の関係を理解させたい。さらに、年齢、性別、身体活動レベルで食事の必要量は異なり、ライフステージごとに食生活の課題は異なる。そこで、ロールプレイングで家族になって、家族の食生活の悩みを解決する献立を考えることにした。

2 本時の概要と授業設計
（1） 本時の概要

　1班4人グループで、自宅で過ごす食欲がない祖母（80歳）、肥満体型で高血圧の父（53歳）、筋肉をつけたい兄（17歳）、好き嫌いの多い妹（12歳）の家族4人の役割を分担し、ロールプレイングで高齢期、壮年期、青年期、学童期の食生活の違いを理解して、家族の悩みを解決できるような献立を考える。

　本授業では、高校生が実感を伴ってライフステージの食生活の違いが具体的に理解できるように、エキスパート資料では、祖母は A「食事摂取基準」から家族の栄養必要量の確認、父は B「食品群別摂取量」から家族の1食分の食品量を確認、兄は C「ライフステージの食生活の特徴」から家族の食生活の課題と工夫を確認、妹は D「献立作成の手順」から家族の献立を考えるうえでの工夫を確認する。次に、ジグソー活動で家族が得た情報を持ち寄り発表し合うが、祖母 A →父 B →兄 C →妹 D の順番で発表することで、必要な栄養とそれを満たす食品の関係、ライフステージの食生活の課題と献立作成がつながり、理解が深まるように工夫している。そして、家族で持ち寄った情報を具体的に活用して、1食分の食品群別摂取量を基に家族の悩みを解決する献立を作成する。できれば、作成した献立を用いて実際に調理実習を行いたい。

（野中美津枝）

（2） 授業設計

役割分担 →ロールプレイ →当事者になって、思いや問題を書く →家族で思いを言い合う。	1班4人 家族の状況	A：祖母(80歳) 【サチヨ】	B：父（53歳） 【マサル】	C：兄（17歳） 【トシ】	D：妹（12歳） 【アキ】
	食生活の状況と健康状態	ほとんど家の中で静かに過ごしている。腰も曲がり、食欲が出ない。歯が抜けているためよく噛めない。	会社員。運動は全くしていない。一方、食べる量は変わらず、最近は肥満で高血圧のため、医者に注意されている。	高校2年生。野球部に所属。試合で活躍するために筋肉をつけたい。ご飯の量はたくさん欲しい。	高校2年生。野球部に所属。試合で活躍するために筋肉をつけたい。ご飯の量はたくさん欲しい。

解決すべき生活問題は何か？ →家族で、問題解決策を考える	班で家族の食生活の悩みを話し合う解決策の検討	【悩み】アキは中学生になる前に好き嫌いをなくすようにしたい！トシは筋肉をつけて試合で活躍したい！でもお腹がすくのは嫌なのでご飯ばかり食べている…マサルは高血圧で肥満が気になってきた…サチヨは健康のためにしっかりと食事しなければ…でも歯が… どのような献立がいい？ ・家族の思いを大切にして，悩みを解決できる献立について話し合う。			

 （移動）…同じ役割で集まる

		A：祖母	B：父	C：兄	D：妹
エキスパート活動 （同じ役割が集まって、その立場での解決策の情報を得る） →考えることを2つ具体的に示す ※Q1、Q2 作業や記入する枠を設ける。	問題解決につながる情報の選択肢を用意。一緒に作業ができるような内容。 →ジグソーで持ち帰ってどれが良いか家族に説明して決められるような……	A「日本人の食事摂取基準と身体活動レベルの活動内容」	B「4つの食品群別摂取量」（別紙「4つの食品群による摂取量の目安」）	C「ライフステージの生活と食事の特徴」	D「献立作成の手順」
		Q1 身体活動レベル・年齢からエネルギー及び栄養素の摂取基準を書き出し，家族の一人平均を算出しよう。	**Q1** 身体活動レベル・年齢から4つの食品群による摂取量の目安から家族の必要量を算出しよう！	**Q1** 家族設定の生活における課題や悩みから，家族全員の身体の特徴や日常生活の課題・悩みを見つけ，書き出そう！	**Q1** 献立作成の手順から，食事の組み合わせ方で重要な部分に線を引こう！ 献立A，Bの好ましくない点について考えよう！
		Q2 栄養の多い食品について100gあたりの量を調べよう！栄養素が多く含まれる食品について他の食品を調べよう！	**Q2** 一食分の1人平均の食品の分量をイラストやgで示そう。その他の食品についてもイラストやgで書き出そう。	**Q2** ライフステージ別食事の特徴から，家族の食事の献立作成に関係があるところに線を引こう！それぞれの食生活に必要な栄養素や工夫を考えよう！	**Q2** Q1を踏まえて，イラストの料理を組み合わせ，理想的な献立例を考えよう！
					Q3 家族みんなの好みの味や健康面から必要な調理方法、味付け、献立で工夫するにはどうするか考えよう！

 （移動）…元の班に戻る

ジグソー活動 （元の家族に戻って、建設的に持ち寄った知識を活かして問題解決策を考える）	班で家族の問題解決	得た知識・情報を発表し合う →エキスパートで持ち寄った問題解決の選択肢をどうするか。 →建設的相互作用で、家族の問題解決策を考える 　家族の食生活の悩みを解決する献立を作成する →なぜ、そうするのか、理由も考える

↓

クロストーク （解決策をクラスで発表する。）	全体で発表	班の家族の問題解決策を発表する →なぜ、その問題解決策にしたのか、根拠を説明する

↓

個人で振り返り （個人で解決策を評価する）	個人で問いに向き合う	個人で、決定した問題解決策でよかったのか、解決策を評価する。 →実際の生活で、問題が起きたときの解決策や対応を考える。

（授業者：安原侑希）

3 ロールプレイング【家族の食生活の悩みを解決する献立を考えよう】

　祖母のサチヨ、父のマサル、兄のトシ、妹のアキの4人の家族設定の中から一人一役を選び、次のページのあらすじの通りに役になりきってロールプレイングをしよう！

家族設定： 一人一役＜祖母、父、兄(高校生)、妹(小学生)＞

祖母80歳　サチヨ	父53歳　マサル	兄（高校2年生）17歳　トシ	妹（小学生）12歳　アキ
書道をすることが趣味である。しかし、最近は病気になることが増え、腰も曲がってきた。一日のほとんどを自室で過ごし、活動することはほぼない。歯はだいたいが抜け落ちてしまい、入れ歯をして生活している。好きな食べ物は梅干し、おにぎりにしても必ず具は梅干しである。甘いものも最近好きであるが、さっぱりしたものがもともと好みである。	毎日朝早くから夜遅くまで仕事で外に出ている。高校生まではサッカー部で活動していたが、仕事に就いてからは全く運動する時間がない。食べる量は変わらないどころか増し、仕事終わりに同僚と飲み歩いている機会も多い。そのせいですっかり肥満体型になり高血圧で医者に注意されている。好きな食べ物は焼き鳥で魚よりも肉の方が良いと食べる頻度は高い。カロリーが高いと分かっていながら、鳥のから揚げが大好物！	高校2年生で野球部に所属している。朝は自主練があり、放課後の全体練習まで熱心に取り組んでいる。周りの部員も身体づくりがしっかりしてきて自分も負けていられないという気持ちが芽生えてきた。筋肉をつけるにはどうしたらよいのか、最近そればかり考えている。学校に行くと部活もあるせいかすぐにお腹が空いてしまう。学校に持っていくご飯はお昼のお弁当に加えておにぎりが3つとパン1つである。放課後まで練習するとどうも食べる量が多い方がありがたい！…らしい。	だんだんと小学校の卒業も近づき、中学生になったどんな自分になりたいのかを考えるようになってきた。学校の体育の授業以外は、基本的に運動をしていない。もうすぐ中学生になるのに食べ物の好き嫌いが治らず、給食は完食したことが一度もない。卒業するまでには克服したい。苦手な食べ物はにんじん・ピーマン・魚・ほうれん草である。毎日お兄ちゃんがたくさん食べているのをみて自分も高校生になったらそうなるのかと恐れている。

あらすじ

★夜みんなでテレビを見ているとき…

妹（アキ）：お父さん！最近ますます太ってきてない？お酒のせい？ご飯少なくした方がいいと思うよ。私の嫌
　　　　　いなものは食べてくれてもいいけど。

父（マサル）：駄目だぞ。ちゃんと食べなさい。それにしても最近太りすぎてきたな…仕事終わってからみんな
　　　　　で飲みいこうって誘われたら断れないんだよなぁ…食生活見直さないとな…。

祖母（サチヨ）：マサルの食欲はうらやましいくらいだねぇ…私なんて食欲も出ないよ…歯ももろくてなかなか
　　　　　硬いもの食べれないしね…。

兄（トシ）：俺は春の大会に向けてちゃんと身体作りたいんだよね。まだ筋力足りないんだよなあ。いまいち力
　　　　　が出ないし、ホームラン狙っていきたいなあ。このままだと他のヤツに負けちゃうよ。

妹（アキ）：私も好き嫌いなく食べて給食完食したいなあ。もうすぐ誕生日だし、中学生になるのに残していた
　　　　　ら格好悪いもん！でもみんなの悩みを解決するのは難しいよね？

父（マサル）：そうだな…おばあちゃんも歯が悪いからな…ご飯はみんな一緒に食べるから献立から考えてみな
　　　　　いと。そういえば今度の土曜日はアキの誕生日だな！夕飯はみんなで考えた悩みを解決できる献立
　　　　　で協力してご飯をつくろう！

兄（トシ）妹（アキ）：賛成！

祖母（サチヨ）：私も一緒に考えようか。身体は動かないが一緒に考えることはできるからね。

兄（トシ）：まずは献立を作成するんだよね。んんん…何から始めればいいんだろうか…。

サチヨ、マサル、トシ、アキの4人で悩みを解決できる夕食の献立を作ることになった！

4　ワークシート

「家族の食生活の悩みを解決する献立を考えよう」　　年　　組　　番　名前　　　　　

1．家族の役割分担（　　　　）班；祖母（　　　　　）、父（　　　　　）、兄（　　　　　）、妹（　　　　　）

2．ロールプレイングを通して、自分の役割からの思い（感じたこと、どうしたいか）を書こう。

役割に○	（　　　）祖母 （　　　）父 （　　　）兄 （　　　）妹	

3．家族に思いを発表し合って，家族の解決すべき悩みをあげて，悩みを解決できる献立を考えてみよう。

家族の問題	祖母：（　　　　　　　　　　　　　　　　　　　　　　　　　） 父　：（　　　　　　　　　　　　　　　　　　　　　　　　　） 兄　：（　　　　　　　　　　　　　　　　　　　　　　　　　） 妹　：（　　　　　　　　　　　　　　　　　　　　　　　　　）
献立（料理）	
材料	

4．同じ役割で集まり，資料を参考に家族全員の悩み解決に向けて考えられることを整理しよう。

担当した資料番号に○	祖母　A（　　　） 父　　B（　　　） 兄　　C（　　　） 妹　　D（　　　）	

5．元の家族に戻って、それぞれの役割で資料から得られた家族全員の悩み解決の情報を家族に説明する。
　それぞれの役割が説明してくれた情報のメモを取ろう。（発表順は、祖母A→父B→兄C→妹D)

	資料番号	情報メモ
発表者が担当した資料番号に○	祖母　A（　　） 父　　B（　　） 兄　　C（　　） 妹　　D（　　）	
	祖母　A（　　） 父　　B（　　） 兄　　C（　　） 妹　　D（　　）	
	祖母　A（　　） 父　　B（　　） 兄　　C（　　） 妹　　D（　　）	

6. 5. で得られた情報をもとに，3. で挙げられた家族の悩みを解決できる献立を考えてみよう。そして下の□になぜこの献立にしたのかを書こう。

献立名	
料理名	料理名

なぜこの献立にしたのか？説明など

7. 各班の家庭の課題解決策とその理由を発表し合い、思ったこと・工夫されていたことなどのメモをとろう。

1班		2班	
3班		4班	
5班		6班	
7班		8班	
9班		10班	

8. ほかの班の発表を聞いて、もう一度、家族の悩みを解決する方法を個人で振り返ってみよう。本当に考えた献立でよかったのか、もっと別の工夫があったのかなど、授業を通して考えたこと、思ったことを書いてみよう。

自己評価	① 役割の視点について考えることができたか	Aできた、　Bまあできた、　Cできなかった
	② 家族に自分の役割の情報を伝えられたか	Aできた、　Bまあできた、　Cできなかった
	③ 家族で協力して問題解決策を決定できたか	Aできた、　Bまあできた、　Cできなかった

家族の食生活の悩みを解決する献立を実際に作ってみよう！

6. 家族の悩みを解決できる献立について，下の献立作成表を作ろう。その時に家族1人平均の概量を満たすように工夫しよう。
　材料の分量は1人分で，盛り付け・配膳図もわかりやすくイメージをイラストで表そう！

献立作成表

料理名	材料名	分量（一）人分	分量（四）人分	乳・乳製品	卵	魚介・肉	豆・豆製品	野菜	いも	果物	穀類	油脂	砂糖	調味料その他
				第1群		第2群		第3群			第4群			
	1人平均の概量			104	17	43	28	117	33	67	113	8	4	
	合計													

〈献立名〉　〈盛り付け・配膳図〉

1人分で分類（単位はg）

5 エキスパート資料 祖母A

資料A　日本人の食事摂取基準と身体活動レベルの活動内容

○身体活動レベルの区分を見て、祖母・父・兄・妹が 家族設定 に書かれている生活からどの身体活動レベルに当たるのかを考え、【　　】にⅠ・Ⅱ・Ⅲのどれかを記入しよう。

レベル	低い（Ⅰ）	ふつう（Ⅱ）	高い（Ⅲ）
活動内容	生活の大半が座って過ごしていて，静的な活動が中心の場合	座って行う仕事が中心だが，職場内での移動や立った状態での作業・接客等，あるいは通勤・買い物・家事，軽いスポーツ等のいずれかを含む場合	移動や立った状態の多い仕事をしている。あるいは，スポーツ等余暇における活発な運動習慣を持っている場合

祖母：サチヨ　【　　　】　　父：マサル　【　　　】【　　　】兄：トシ　　妹：アキ　【　　　】

■**Q1.　家族4人(祖母・父・兄・妹)それぞれの身体活動レベル・年齢からエネルギー及び栄養素の摂取量の基準を書き出して、家族の一人平均を算出しよう。**

	身体活動レベル	エネルギー (kcal)	たんぱく質 (g)	カルシウム (mg) 推奨量	鉄 (mg) 推奨量	ビタミンA (μgRAE) 推奨量	ビタミンB$_1$ (mg) 推奨量	ビタミンC (mg) 推奨量	ビタミンD (μg) 目安量
祖母:サチヨ									
父:マサル									
兄:トシ (高2)									
妹:アキ (小6)									
1日分合計 (4人分)									
1日分1/4 (1人平均) ÷3		2.375	57.5	737.5	9.3	775	1.3	98.8	5.6
一食分 (1人平均)		792	19.2	245.8	3.1	258	0.4	32.9	1.9

○表の家族の身体活動レベルに対する食事摂取基準を 1人平均 と比較してみて分かることを書いてみよう。

■**Q2.　栄養の多い食品について資料集（食品成分表）を使って 100g(100ml) あたりどの程度入っているか調べて書いてみよう！また、それぞれの栄養素が多く含まれている食品について他に何があるのか資料集から調べて書き出そう！**

鉄分の多い食品	カルシウムの多い食品	ビタミンの多い食品	タンパク質の多い食品
ひじき（　）　ほうれん草（　）	普通牛乳（　）　ワカメ（　）　チーズ（　）	夏みかん（　）　干しシイタケ（　）　人参（　）	鶏卵（　）　さんま（　）　鳥もも肉（　）　納豆（　）
その他	その他	その他	その他

5 エキスパート資料　父B

資料B　4つの食品群別摂取量

○身体活動レベルの区分を見て、祖母・父・兄・妹が 家族設定 に書かれている生活からどの身体活動レベルに当たるのかを考え、【　　】にⅠ・Ⅱ・Ⅲのどれかを記入しよう。

レベル	低い（Ⅰ）	ふつう（Ⅱ）	高い（Ⅲ）
活動内容	生活の大半が座って過ごしていて、静的な活動が中心の場合	座って行う仕事が中心だが、職場内での移動や立った状態での作業・接客等、あるいは通勤・買い物・家事、軽いスポーツ等のいずれかを含む場合	移動や立った状態の多い仕事をしている。あるいは、スポーツ等余暇における活発な運動習慣を持っている場合

祖母：サチヨ　【　　　　】　　父：マサル　【　　　　】　兄：トシ　【　　　　】　　妹：アキ　【　　　　】

■**Q1．家族4人(祖母・父・兄・妹)それぞれの身体活動レベル・年齢からエネルギー及び栄養素の摂取量の基準を書き出して、家族の一人平均を算出しよう。**

	身体活動レベル	第1群		第2群		第3群			第4群		
		乳・乳製品(g)	卵(g)	魚介・肉(g)	豆・豆製品(g)	野菜(g)	いも(g)	果物(g)	穀類(g)	油脂(g)	砂糖(g)
祖母:サチヨ											
父:マサル											
兄:トシ(高2)											
妹:アキ(小6)											
1日分合計(4人分)											
一食分1/3(4人分)	4人分目安（買い物の量）										
☆一食分1人平均		104	17	43	28	117	33	67	113	8	4

○表の家族の身体活動レベルに対する食事摂取基準を 1人平均 と比較してみて分かることを書いてみよう。

■**Q2.**　⬜ **の中の数字はQ1の☆** 一食分の1人平均（g） **を示している。この量の食品の分量を第1群の例のように具体的なイラストやgで示してみよう。下のスペースにその他の食品についてもイラストやgで書き出そう。**

第1群		第2群		第3群			第4群		
乳・乳製品	卵	魚介・肉	豆・豆製品	野菜・海藻	いも	果物	穀類	油脂	砂糖
104	17	43	28	117	33	67	113	8	4
牛乳1本=210g チーズ20g	卵大1個=60g	牛ステーキ1枚=150g	木綿豆腐1丁=320g	ほうれん草1株=25g	ジャガイモ1個=140g	オレンジ1個=100g	米 茶碗1杯=60g	マヨネーズ大さじ1=12g	砂糖大さじ1=9g

※チーズ(10g)は牛乳(50g)に相当する。

【4つの食品群による摂取量の目安】

身体活動レベル	年齢(歳)	第1群 乳・乳製品 男	第1群 乳・乳製品 女	第1群 卵 男	第1群 卵 女	第2群 魚介・肉 男	第2群 魚介・肉 女	第2群 豆・豆製品 男	第2群 豆・豆製品 女	第3群 野菜 男	第3群 野菜 女	第3群 いも 男	第3群 いも 女	第3群 果物 男	第3群 果物 女	第4群 穀類 男	第4群 穀類 女	第4群 油脂 男	第4群 油脂 女	第4群 砂糖 男	第4群 砂糖 女
レベル1	12～14	400	350	50	50	140	120	80	80	350	350	100	100	200	200	310	280	20	20	10	10
	15～17	400	330	50	50	140	120	80	80	350	350	100	100	200	200	360	270	25	20	10	10
	50～69	250	250	50	50	140	100	80	80	350	350	100	100	200	200	290	200	20	15	10	5
	70～	250	250	50	50	120	80	80	80	350	350	100	100	200	200	240	180	15	15	10	5
レベル2	12～14	400	350	50	50	160	120	100	80	350	350	100	100	200	200	360	340	25	25	10	10
	15～17	400	330	50	50	160	120	100	80	350	350	100	100	200	200	420	320	30	25	10	10
	50～69	250	250	50	50	140	100	80	80	350	350	100	100	200	200	370	260	25	15	10	10
	70以上	250	250	50	50	120	100	80	80	350	350	100	100	200	200	320	220	20	15	10	10
レベル3	12～14			50	50			100	100	350	350	100	100	200	200						
	15～17	400	330	50	50	180	140	100	100	350	350	100	100	200	200	470	370	35	25	20	10
	50～69	300	250	50	50	140	100	100	100	350	350	100	100	200	200	420	320	30	20	10	10
	70以上	250	250	50	50	120	100	100	100	350	350	100	100	200	200	380	270	25	20	10	10

資料C　ライフステージの生活と食事の特徴

■ **Q1.** 家族設定 に書いてある生活における課題や悩みから、サチヨ、マサル、トシ、アキの4人家族の身体の特徴や日常生活の課題・悩みをみつけて書き出してみよう！

	身体の特徴や日常生活の悩みを書き出そう。	それぞれの食生活での課題はなんだろう？	下の【ライフステージ別食事の特徴】を参考にそれぞれの課題に応じた必要な栄養素や食事の工夫を書き出そう。
祖母 サチヨ	・ ・ ・		
父 マサル	・ ・ ・		
兄 トシ	・ ・ ・		
妹 アキ	・ ・ ・		

■ **Q2.** 【ライフステージ別食事の特徴】を見て、家族の食事の献立を作成するときにそれぞれ関係があるところにマーカーを引こう！また、ラインを引いた部分を参考にしてそれぞれの課題に必要な栄養素や工夫を考え書こう！

【ライフステージ別食事の特徴】

	学童期・青年期	壮年期	高齢期
身体の特徴	・精神的影響が体に表れやすい。 ・身長・体重の増加が著しい。 ・運動が活発。	・基礎代謝量が減り,活動量も減ってくる。	・体の機能が全体的に低下し,消化機能,食欲も衰える。 ・歯が悪くなることが多い。 ・活動量は少ない。
食事の特徴	・身体の特徴から食事摂取基準値が高い。 ・一般的に肉類,油脂,濃厚な味付け,洋風の料理を好む。	・食べ物に対する好みが定着し,好みのものばかり選ぶようになる。 ・外食が増え,不規則な食事になりやすい。	・味覚が鈍くなり,味付けが濃くなる傾向がある。油分の少ない淡白な味を好むようになる。 ・硬いものを避けるようになる。
栄養上の留意点	・貧血予防と筋肉量・血液量の増加に必要な鉄,骨量の増加に必要なカルシウムを十分にとる。 ・緑黄色野菜が不足すると無機質やビタミンが不足し,貧血や体調不良につながる。 ・糖質の多い清涼飲料水,菓子類を摂りすぎないようにする。 ・良質なたんぱく質をとることで体のタンパクとして吸収されやすくなる。	・動物性脂肪と塩分の取りすぎに注意し,野菜類や果物を十分にとる。 ・活動量に合ったエネルギーを摂る。 ・生活習慣病の予防のため,食塩と飽和脂肪酸の摂取を減らす。 ・好みのものばかり食事に入れていると栄養が偏る。	・消化の良い食事にするが,たんぱく質,カルシウム,植物性油脂が不足しないように注意する。 ・食物繊維を摂り,便秘を予防する。 ・身体活動,活動量に応じて食事形態・食事量を調節する。 ・骨粗しょう症に気を付けるために,カルシウムを摂るようにする。

5 エキスパート資料 妹D

資料D　献立作成の手順

■**Q1. 献立作成の手順を見て、主食・主菜・副菜・汁物の組み合わせ方について重要な部分にマーカーを引こう！**
また、下記の献立A、献立Bにはいくつか好ましくない点がある。どのような点が好ましくないのかを下の「問題点」に考えて書いてみよう！

献立の手順と配膳図

2. 副菜を決める。
○野菜、キノコ、いも、果物、海藻などが主材料のおかず。主にビタミン、無機質、食物繊維の補給源になる。
○一食分の目安量は50〜120g。

1. 主菜を決める。
○肉や魚、卵、納豆、豆腐を主材料とした献立の中心となるおかず。たんぱく質や脂質の供給源。
○一食分の目安量は70〜100g。

3. 主食を決める。
○ごはんや麺、パンなどの炭水化物を中心としたもの。主にエネルギー源となる。

4. 汁物を決める。
○不足しがちな栄養素や水分を補う。献立に彩りや楽しさを添える効果がある。
○汁物・飲み物や果物など。
○一食分の目安量はダシ150mlに具30〜80g。

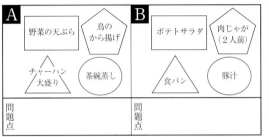

A
| 野菜の天ぷら | 鳥のから揚げ |
| チャーハン大盛り | 茶碗蒸し |

問題点

B
| ポテトサラダ | 肉じゃが（2人前） |
| 食パン | 豚汁 |

問題点

■**Q2. Q1を踏まえて、下記の料理を組み合わせ、理想的な献立例を2つ考えてみよう！**

茶碗蒸し　　サバの味噌煮　　コールスローサラダ　　かぼちゃの煮物　　たけのこご飯　　マカロニグラタン

魚の照り焼き　　ミネストローネ　　鳥のから揚げ　　すまし汁　　青菜のおひたし

栗米湯（中華風コーンスープ）　　麻婆豆腐　　きんぴらごぼう　　ひじきと豆のサラダ

献立1つ目

献立2つ目

■**Q3. 家族のみんなの好みの味や健康面から必要な調理方法を書き出してみよう！そして、それらを可能にする味付けや調理方法をQ2で考えた献立で工夫するにはどうすればよいか考えてみよう！**

	味の好み	Q2の献立で工夫できる点	
祖母 サチヨ		➡	さっぱりした味に仕上げるには梅やネギを使うといいね！
父 マサル		➡	揚げ物よりしゃぶしゃぶにすると同じお肉料理でも脂の摂取量がぐんと下がる！
兄 トシ		➡	お年寄りが食べられる硬くないものは…茶碗蒸しとか…ゼリーとか…ほかにあるかな？
妹 アキ		➡	嫌いな野菜があるときは切り方を工夫して加えるといいね！例えばみじん切りにするとか…

家族が納得できる買い物
－家族会議で購入計画を立てよう－

扱う内容：消費行動、情報収集、商品比較、支払い方法、金銭管理、意思決定

1 授業開発の視点

　民法改正で2022年から18歳成人に引き下げられるため、契約や消費者信用の知識、金銭管理など自立した消費者の育成が課題となっている。そのため、2017年告示の中学校学習指導要領では、中学校家庭科に計画的な金銭管理の内容が新設されて、これまで高校家庭科の内容だったクレジットカードによる3者間契約を扱うように改善されている。さらに、指導要領解説では、家族の話し合いをして家電製品などを購入することを課題として設定する活動が取り上げられている。そこで、本授業開発は、消費生活分野のパフォーマンス課題として、学習した購入方法や支払い方法を活用して、ロールプレイングで家族になって家電製品の購入計画を立てることにした。

2 本時の概要と授業設計

（1） 本時の概要

　1班4人グループで、掃除担当でハウスダストアレルギーの息子のためにも掃除機がほしい父（45歳）、故障を繰り返す洗濯機を買い替えたい母（43歳）、壊れたドライヤーを買いたい姉（17歳）、家族皆が使っている故障したパソコンを買い替えたい弟（15歳）の家族4人の役割を分担して、ロールプレイングで家族会議をして購入計画を立てる。どれも家族が必要な商品であるが、予算15万円の設定で家族が納得する買い物ができるように問題解決策を決定する。

　本授業では、エキスパート資料はそれぞれの役割がほしい商品資料となっている。4つの商品を提示し、購入場所、価格、支払い方法、省エネ機能、アフターサービスなどが表記されており、同じ役割で集まって商品を比較して、各自がほしい商品を決めて元の家族の班へ戻る。そして、ジグソー活動で各家電のエキスパートになったメンバーが家族にほしい商品の説明をして、家族会議で話し合い購入計画を立てる。家族会議用のワークシートは、家族の意見を一覧にして商品選択の理由や支払い方法、価格等を検討して購入計画が立てられるように工夫されている。

（2） 授業設計

　本授業は、第58回関東甲信越地区中学校研究大会で、ジグソー活動から授業公開されている。右ページは公開授業の学習指導案である。

（3） 授業実践の様子

　授業では、どの班も家族会議で真剣に話し合いが行われた。写真は、中学生が実際に立てた購入計画である。最初の家族の希望通りでは予算オーバーするため、家族が納得できる買い物になるように、様々な視点で商品を比較して、支払方法を工夫したり、買わずに修理したりしている。

（野中美津枝）

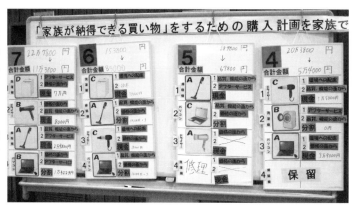

学習活動および内容	指導・援助の留意点と評価
1 役割の選択の確認をする。 　・ジグソー班の家族(父,母,姉,弟)と役割ごとのエキスパート活動で得た情報 　　　父　→掃除機　　　母　→洗濯機 　　　姉　→ドライヤー　弟　→パソコン	・エキスパート班で情報収集したワークシートを確認し,個人の考えをまとめたものを,生徒がジグソー班に戻った時に発表ができるように準備する。自分の考えがまとまらない生徒は,ジグソー班に戻った際に,模擬家族の話し合いの中で学び合えればよいことを助言する。 ・個人の選択について再確認し,前時に意見交換を行った内容なども考慮するよう助言する。 ・既習事項の内容から総合的に考えられるようにすることで,学習内容を深められるようにする。 ・既習事項からの視点を取り入れ,総合的な視点から考えを深められるように説明する。
2 本時の課題を捉える。	

「家族が納得できる買い物」をするための購入計画を家族で検討しよう。

学習活動および内容	指導・援助の留意点と評価
3 ジグソー班に戻り,家族会議を行う。 　(1)購入計画はどのようにするか,全体の意見を集約しながら最善策を検討する。 　　※家族それぞれの要望を踏まえ,家族の設定条件・選択の視点等を考慮しながら,購入のための妥協点や解決策を考える。 　(アフターサービス・価格・品質機能・環境への配慮・支払方法・購入方法・家族の思い・購入優先度・代替え案　等) 　　　父(掃除機)　→母(洗濯機)→ 　　　姉(ドライヤー)　→弟(パソコン) 　(2)選択した家電についてホワイトボードを使用して発表を行う。 　(3)多様な意見に触れ,自分たち家族の解決策と他の班の考え方の違いに気付き,個人で振り返る。 　　→発表する。 　　＜予想される考え＞ 　　○支払い方法の選択を変えると購入可能な商品の幅が増える。 　　○アフターサービスを考えて購入することも大切だということが分かった。	・購入するにあたっての妥協点を見つけたり,問題を解決したりできるよう,ジグソー班(グループ)になる場面を設定する。 ・家族の意見を順番に集約し,家族にとって最善策の購入計画をジグソー班で考えられるように指導を行う。その際モデル家族の設定から逸れないよう助言する。 ・様々な状況を予測し,どのように対応するかなど,新たな視点に気付くことができるよう,家族の希望の優先順位をすべてに当てはめた場合や,消費者被害にあった場合などについても考えるように助言する。 ・自分の考えが出にくい生徒には教科書のP.228～231を参照するように助言する。 ・ジグソー班で発表した内容を書き留め,自他の購入計画のよい点,改善点,工夫点,問題点に気付くことができるように助言する。 ・発表の内容から,自分の班で出なかった意見に対して気付くことができるよう助言する。 ・班で深まった考えを全体で共有することができるように,ホワイトボードを活用して,他の班に分かりやすく発表するように助言する。
4 本時の学習を振り返る。	

　今後,納得ができる買い物をするためには,収集・整理した情報や条件を適切に処理し,総合的に判断し,家族や自分に合わせた購入計画を検討することが大切である。

　(　評　) 収集,整理した情報を活用しながら,グループで家電の購入計画を検討する活動を通して,実生活で自分や家族にとって必要なものの選択,購入の優先順位等について考え,工夫することができる。
・【生活を工夫し創造する能力】(ワークシート・気付きノート・発表・観察)

・本時の学習を振り返り,感想を気付きノートに記入する。	・目標に達していない生徒に対しては,机間指導し,ワークシートを見直し,重要なキーワードのヒントを助言する。 ・本時の学習を振り返ることで,今後の消費行動で実践できるように促す。

3 ロールプレイング【家族会議で購入計画を立てよう】

家族設定：一人一役＜父、母、姉（高校生）、弟（中学生）＞　予算は15万円

父 45歳	趣味は旅行。ボーナスは年2回ある。平日残業は多いが，土日は休みである。平日の昼食は，お小遣いの5万円の中から捻出している。家族思いの父は，そろそろ冬のボーナスが入るため，国内旅行（1泊2日4人合計6万円）を計画している。ボーナス月は，20万円を住宅ローンの返済，ボーナスの残りは将来のため，貯蓄している。毎月の貯金もしっかり行っている。父親名義のクレジットカードを所有しており，三者間契約のものである。 　父は掃除担当で，今使用している掃除機は，ごみが溜まってくると，排気口に熱をもつようになってきてしまった。家に一台しかない掃除機が壊れる前に，よい商品があれば，購入したいと考えている。息子のハウスダストアレルギーも心配なので，ぜひ年末の大掃除に向けて購入したいと希望している。
母 43歳	最近，洗濯機の電源が入らないことがたまにあり，いつ壊れるか心配だ。洗濯機が使えない日は，近くのコインランドリーに行っている。7年ほど使用しているので，保証期間は過ぎており，家電量販店での無償修理にはだせない。修理に出すと3万円かかると言われ，4日後に家まで修理に来てくれることは可能だそうだ。毎日使用するものなのでどうしたらよいのか悩んでいる。節水のため，風呂の残り湯を洗濯に再利用したいと考えている。また，息子の部活が野球部で，ユニフォームがたくさん汚れるため，1日2回（朝・晩）洗濯をしている。
姉 17歳 高校生	ヘアードライヤーを使用中に，手が滑り，落下させてしまった。カバーの一部が割れ，電源が入らなくなってしまった。1年前に購入したばかりで，髪の毛に潤いを与える機能が付いており，風量が強く，短時間で乾くため，とても気に入っていた。保証期間は過ぎており，電気屋さんに問い合わせたところ，修理にだした場合，修理代がかかり，戻ってくるまでに1週間はかかると言われた。 　父親，弟は使用しないが，毎晩，母親，姉で使用しており，特に真冬の今は，乾燥していて髪はパサパサになってしまう。また，ドライヤーを使用できないと，非常に不便であ
弟 15歳 中学生	自分専用のスマホをもっておらず，友達と連絡を取るときには，母親のスマホを借りることが多い。中学校から帰宅すると，ノートパソコンを使用して，インターネットで勉強の調べ物や，オンラインゲームや動画視聴を1日2時間は行っている。家族の中で使用時間が多いのは自分である。家には1台しかノートパソコンはなく，家族共有で使用している。父が年賀状作成や，仕事で使っていたり，姉と母親は，ネットショッピングのために使用したりしている。週1回はネットショッピングで使用している。 　購入してから5年が経ち，最近，電源が入らず，フリーズしてしまうため，カスタマーサービスに電話をした。ハードディスクに原因があり，修理は約1か月～2か月かかると言われた。また，故障原因から修理になると言われ，修理費用もかかる。

<家の家計簿>

名目	収入・支出額
旅行費（ボーナスから）	60,000円
毎月の貯金額	50,000円
今回の予算	150,000円

【家族のほしいもの】
・購入方法は？・環境や、アフターサービスなど選ぶ時のポイントを取り入れている？
・4つとも買う必要がない？・予算15万円の中で購入できる？
・全体で使うべきもの？
・必要性の順位
・どれかの商品をクレジットカードで購入にする？

○○家は、父、母、姉、弟の4人家族である。それぞれぜひとも購入したい家電がある。しかし、予算（15万円）が決められていたり、条件があったりして、○○家は悩んでいる。どうにかして、家族全員が納得できる買い物ができないか、解決策を考えてほしい。

①役に丸を付ける

　　　父親（掃除機）　　　母親（洗濯機）　　　姉（ドライヤー）　　　弟（パソコン）

とある日の夕食のとき・・・・。

姉:「お父さん～！！ドライヤー買って！！今日の朝、ドライヤー落としちゃって・・・、電源入らなくなっちゃった。電気屋さんに電話したら修理に1週間かかるって」
母:「使いやすかったし、早く乾いたからよかったのにね～」
父:「だいたい、ドライヤーって、いくらくらいなんだ？」
姉:「わからない～調べておくね～」
弟:「パソコンも買ってよ！電源入らなくて全然動かないんだよ！電話したら修理無料だけど、戻ってくるまでに1～2か月かかるみたいだし、パソコンないとつまらない！！みんなもかなり不便だよね！？」
母:「時々洗濯機の電源がつかないことがあって、昨日はコインランドリーまでいったわ～！1日2回も洗濯まわすから壊れたら大変よ！」
父:「なにっ！！実は掃除機も調子が悪くてなぁ、排気口に熱をもってしまうんだ。予算をだせるのが、今月は現金15万円までだなぁ。それ以上は厳しいぞ。」
弟:「えっ～！！！！！絶対15万円じゃ足りなさそうじゃん！！」
父:「みんなの希望はきいてあげたいな・・。でも予算オーバーしてしまうかもな・・。どうすればいいものか・・。」

予算は今月現金15万円！どんな購入方法や、選ぶときのポイントを考えながら購入を決定していくべきだろうか？

②情報収集内容　　　役「　　　　　　　　　」・家電「　　　　　　　　」

	A	B	C	D
アフターサービス ・保証期間はどのくらいか ・購入後の点検修理サービスはあるか				
価格　・適切な予算か				
品質・機能 ・品質は良いか・安全か・機能的か ・衛生的か　など				
環境への配慮 ・資源やエネルギーの節約になるか ・資源を無駄にしていないか				
支払方法				
その他				

③エキスパートで自分が選んだ理由

1位　　　理由

2位　　　理由

④○○家の家族会議（ジグソー班）

【家族会議内容（最初のそれぞれの希望をまとめる）】

	父	母	姉	弟
希望 A・B・C・D				
理　由 選択のポイントを含めて書く				
金額				
家族の合計金額	￥			

【家族会議の結果！！】

	掃除機	洗濯機	ドライヤー	パソコン
A・B・C・Dのどれ？				
理　由 「アフターサービス」「品質・機能」「環境への配慮」などの面から総合的に考える				
支払方法 ・現金・分割（月いくらの何回払い＋手数料				
「アフターサービス」「価格」「品質・機能」「環境への配慮」の優先順位・その他　　1位				
2位				
合計金額	￥			

⑤ 他の家族会議の話を聴いてみて思ったこと、良い点、改善点、工夫されていたことをメモしよう。
また、自分の家族の課題解決がこれでよかったのか、○○家族の選択を振り返ってみよう。

父 ＜掃除機＞

A

☆購入場所： 近所の家電量販店
☆価　　格： 2万9,800円（税込）
☆支払方法： 現金払いまたは
　　　　　　クレジットカード分割払い3回払い（手数料
　　　　　　524円）、1回分支払額10,108円（手数料込）
☆機　　能： コードレス　床除菌機能　パワフルモード
　　　　　　切り替え
☆重　　量： 約2.4kg
☆充電時間： 4時間
☆連続使用可能時間： 15分間
☆省エネ機能： 床からヘッドが3秒離れると自動停止
☆アフターサービス： 無償保証期間2年間
☆そ の 他： ヘッド付け替え附属品　2点付き
　　　　　　ＰＳＥマーク

B

☆購入場所： 隣町の家電量販店
☆価　　格： 2万9,800円（税込）
☆支払方法： 現金払いまたは
　　　　　　クレジットカード分割払い3回払い（手数料
　　　　　　524円）、1回分支払額10,108円（手数料込）
☆機　　能： コードレス　床除菌機能　パワフルモード
　　　　　　切り替え
☆重　　量： 約2.4kg
☆充電時間： 4時間
☆連続使用可能時間： 20分間
☆省エネ機能： 床からヘッドが3秒離れると自動停止
☆アフターサービス： 無償保証期間1年間
☆そ の 他： ヘッド付け替え附属品　1点付き
　　　　　　ＰＳＥマーク

C

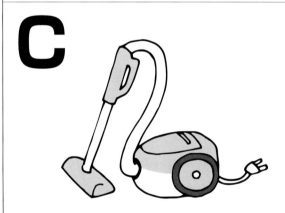

☆購入場所： 近所の家電量販店
☆価　　格： 1万9,800円（税込）
☆支払方法： 現金払いまたは
　　　　　　クレジットカード一括払い（手数料なし）
☆機　　能： 電源コードあり（コード長さ5ｍ）パワフル
　　　　　　モード切り替え3段階　紙パック式
☆重　　量： 約3.6kg
☆省エネ機能： 床のごみの量に合わせて吸引力自動調節
　　　　　　機能
☆アフターサービス： 無償保証期間2年間
☆そ の 他： 紙パック5枚セットつき　ＰＳＥマーク

D

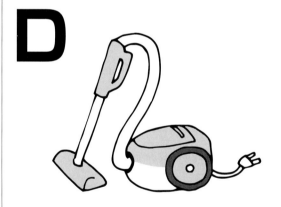

☆購入場所： 隣町の家電量販店
☆価　　格： 1万9,800円（税込）
☆支払方法： 現金払いまたは
　　　　　　クレジットカード一括払い（手数料なし）
☆機　　能： 電源コードあり（コード長さ5ｍ）パワフル
　　　　　　モード切り替え3段階　紙パック式
☆重　　量： 約3.6kg
☆省エネ機能： 床のごみの量に合わせて吸引力自動調節
　　　　　　機能
☆アフターサービス： 無償保証期間1年間
☆そ の 他： ＰＳＥマーク

＜洗濯機＞

A

☆購入場所： 近所の家電量販店
☆価　　格： 12万円(税込)
☆支払方法： 現金払いまたは
　　　　　　クレジットカード分割払い３回払い(手数料
　　　　　　2,112円)、１回分支払額40,704円(手数料込)
☆機　　能： ドラム式　除菌機能　靴も洗える
　　　　　　ＡＩ節水自動機能　洗濯槽内自動除菌
☆洗濯可能容量： 約10kg(4〜5人家族)
☆そ の 他： 洗濯１回平均使用水量77ℓ　配送無料
　　　　　　設置費無料　ＰＳＥマーク
☆アフターサービス: 無償保証期間３年間

B

☆購入場所： 近所の家電量販店
☆価　　格： 12万円(税込)
☆支払方法： 現金払いまたは
　　　　　　クレジットカード分割払い３回払い(手数料
　　　　　　2,112円)、１回分支払額40,704円(手数料込)
☆機　　能： ドラム式　除菌機能　靴も洗える
　　　　　　ＡＩ節水自動機能　洗濯槽内自動除菌
☆洗濯可能容量： 約10kg(4〜5人家族)
☆そ の 他： 洗濯１回平均使用水量77ℓ　配送無料
　　　　　　設置費3,000円(現金払いのみ)　ＰＳＥマーク
☆アフターサービス: 無償保証期間5年間

C

☆購入場所： 近所の家電量販店
☆価　　格： 7万円(税込)
☆支払方法： 現金払いまたは
　　　　　　クレジットカード分割払い3回払い(手数料
　　　　　　1,232円)、１回分支払額23,744円(手数料込)
☆機　　能： 縦型　除菌機能
☆洗濯可能容量： 約10kg(4〜5人家族)
☆そ の 他： 洗濯１回平均使用水量107ℓ　ＰＳＥマーク
　　　　　　配送無料　設置費無料
☆アフターサービス: 無償保証期間３年間

D

☆購入場所： 近所の家電量販店
☆価　　格： 7万円(税込)
☆支払方法： 現金払いまたは
　　　　　　クレジットカード分割払い3回払い(手数料
　　　　　　1,232円)、１回分支払額23,744円(手数料込)
☆機　　能： 縦型　除菌機能
☆洗濯可能容量： 約10kg(4〜5人家族)
☆そ の 他： 洗濯１回平均使用水量107ℓ　ＰＳＥマーク
　　　　　　配送有料3,300円(現金払いのみ)
　　　　　　設置費　3,300円(現金払いのみ)
☆アフターサービス: 無償保証期間5年間

姉 （高校生）＜ヘアードライヤー＞

A

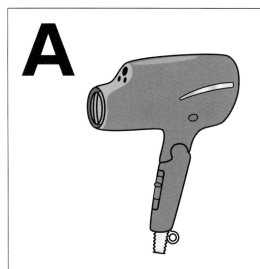

☆購入場所： 近所の家電量販店
☆価　　格： 3,000円（税込）
☆支払方法： 現金払い
☆機　　能： 弱・中・強のみの切替え　冷風あり
☆重　　量： 約450g
☆消費電力： 強風モード800W
　　　　　　1日15分使用の場合年間2,880円
☆そ の 他： PSEマーク

B

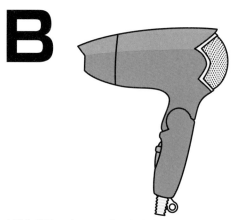

☆購入場所： インターネットサイト
☆価　　格： 8,000円（税込）
☆支払方法： 現金払い
☆機　　能： マイナスイオン（静電気発生抑制）　パワフル
　　　　　　モード切り替えあり　弱・中・強の切り替え
　　　　　　冷風あり
☆重　　量： 約500g
☆消費電力： 強風モード800W
　　　　　　1日15分使用の場合年間2,880円
☆そ の 他： 頭皮マッサージ付け替え附属品付き　ヘアオイ
　　　　　　ルプレゼント，PSEマーク

C

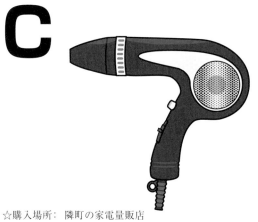

☆購入場所： 隣町の家電量販店
☆価　　格： 15,000円（税込）
☆支払方法： 現金払い
☆機　　能： マイナスイオン（静電気発生抑制）　パワフル
　　　　　　モード切り替えあり　弱・中・強の切り替え
　　　　　　業務用ドライヤー（低電力）
☆重　　量： 約550g
☆消費電力： 強風モード550W
　　　　　　1日15分の使用の場合年間1,500円
☆アフターサービス： 保証期間1年間（無償修理）
☆そ の 他： 頭皮マッサージ付け替え附属品付き
　　　　　　PSEマーク

D

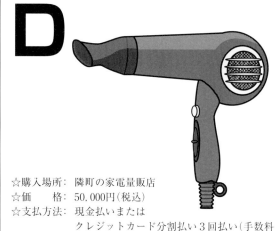

☆購入場所： 隣町の家電量販店
☆価　　格： 50,000円（税込）
☆支払方法： 現金払いまたは
　　　　　　クレジットカード分割払い3回払い（手数料
　　　　　　880円）、1回分支払額16,960円（手数料込）
☆機　　能： マイナスイオン（静電気発生抑制）パワフル
　　　　　　モード自動調節　　弱・中・強の切り替え　水
　　　　　　分調節機能　キューティクル保護　頭皮ケア
　　　　　　強風ターボ付き　抗菌仕様機器
☆重　　量： 約650g
☆消費電力： 強風モード13000W
　　　　　　1日15分の使用の場合年間3,700円
☆アフターサービス： 保証期間5年間（無償修理）
☆そ の 他： スタイリングブック付き，PSEマーク

弟 （中学生） ＜パソコン＞

A

☆購入場所：近所の家電量販店
☆価　　格：39,000円（税込み）
☆支払方法：現金払いまたは
　　　　　　クレジットカード分割払い3回払い（手数料
　　　　　　687円）、1回分支払額13,229円（手数料込）
☆機　　能：臨場感あるサウンドシステム　無線LAN内
　　　　　　装　省エネモード自動切り替え
☆性　　能：メモリ容量　8G　バッテリー駆動時間　17
　　　　　　時間
☆重　　量：830ｇ
☆サ イ ズ：幅30cm×高さ18cm
☆付 属 品：ＡＣアダプター　電気コード
☆そ の 他：最新パソコンソフト無料インストール
☆アフターサービス：無償保証期間1年間

B

☆購入場所：近所の家電量販店
☆価　　格：39,000円（税込み）
☆支払方法：現金払いまたは
　　　　　　クレジットカード分割払い3回払い（手数料
　　　　　　687円）、1回分支払額13,229円（手数料込）
☆機　　能：臨場感あるサウンドシステム　無線LAN内
　　　　　　装　省エネモード自動切り替え
☆性　　能：メモリ容量　8G　バッテリー駆動時間　17
　　　　　　時間
☆重　　量：830ｇ
☆サ イ ズ：幅30cm×高さ18cm
☆付 属 品：ＡＣアダプター　電気コード　パソコンバッグ
☆そ の 他：最新パソコンソフト無料インストール
☆アフターサービス：無償保証期間1年間
☆サービス：画面保護シートプレゼント！！

C

☆購入場所：近所の家電量販店
☆価　　格：120,000円（税込み）
☆支払方法：現金払いまたは
　　　　　　クレジットカード分割払い3回払い（手数料
　　　　　　2,112円）、1回分支払額40,704円（手数料込）
☆機　　能：臨場感あるサウンドシステム　顔認証シス
　　　　　　テム　タッチパネル対応　高画質パネル
　　　　　　無線LAN内臓
☆性　　能：メモリ容量16Ｇ，最新パソコンソフトインス
　　　　　　トール済　バッテリー駆動時間　40時間
☆重　　量：900ｇ
☆サ イ ズ：幅35cm×高さ23cm
☆付 属 品：ＡＣアダプター　電気コード　クリーナークロ
　　　　　　ス　無線マウス付き
☆そ の 他：購入時にＷｉ－Ｆｉ契約すると3万円引き
　　　　　　契約の場合90,000円
　　　　　　クレジットカード分割払い3回払い（手数料
　　　　　　1,836円）、1回分支払額　30,612円（手数料込）
☆アフターサービス：無償保証期間1年間

D

☆購入場所：近所の家電量販店
☆価　　格：120,000円（税込み）
☆支払方法：現金払いまたは
　　　　　　クレジットカード分割払い3回払い（手数料
　　　　　　2,112円）、1回分支払額40,704円（手数料込）
☆機　　能：臨場感あるサウンドシステム　顔認証シス
　　　　　　テム　タッチパネル対応　高画質パネル
　　　　　　無線LAN内臓
☆性　　能：メモリ容量16Ｇ，最新パソコンソフトインス
　　　　　　トール済　バッテリー駆動時間　40時間
☆重　　量：900ｇ
☆サ イ ズ：幅35cm×高さ23cm
☆付 属 品：ＡＣアダプター　電気コード　クリーナークロ
　　　　　　ス　無線マウス付き　パソコンバッグ
☆そ の 他：購入時にＷｉ－Ｆｉ契約すると2万円引き
　　　　　　契約の場合100,000円
　　　　　　クレジットカード分割払い3回払い（手数料
　　　　　　2,040円）、1回分支払額　34,014円（手数料込）
☆アフターサービス：無償保証期間3年間

事例 3

家族みんなの住まい
―安全で快適に住まう工夫を考えよう―

扱う内容： 健康・快適・安全な住まい　　間取り図・鳥瞰図　　家族の生活

1　授業開発の視点

　住生活に関する内容は、換気や採光、地震対策など実践的で、すぐに生活に生かせる知識を学ぶことができる。また家族・家庭生活、消費生活・環境などの学習内容との関連も深く、学習の広がりや深まりが期待できる分野である。一方、生徒にとって住生活に関する学習は、難しいと感じる場合も多く、家庭科の学習の中で関心が高い内容とは言い難い。また、限られた授業数の中で住生活に費やせる時間は十分ではない実態もある。

　そこでこの授業では、生徒の住まいに関する学習への関心を高めるよう、家族のロールプレイングを取り入れリアルな間取り図・鳥瞰図を活用することにした。住まいに関する学習の成果として、これまでに学習した様々な分野の学びを応用して課題解決に取り組めるような授業づくりを行った。なお、中学校技術・家庭科家庭分野での住生活についての学習のまとめを想定している。

2　本時の概要と授業設計

（1）　本時の概要

　1班4人のグループで、家族の役割を担当する。それぞれ興味関心や状況の異なる家族5人（父母は1人で担当する）の住まいや家族に対する思いや要求を読み取った上で、間取り図と鳥瞰図を見る。役割ごと、住まいの空間別に、このままでよいところ、危険な箇所やよくない状態を見つけ、その解決策を考える。そして家族班での話し合いを通してその家族にとってよりよい解決策を考え発表する。エキスパート活動後、元の家族に戻ってからの話し合いでは、家族の意見を大切にしながら、何を優先しどのような解決策にするのか理由も考え決定する。

　なお、間取り図・鳥瞰図が読み取りにくいところなどは、エキスパート活動において同じ役割ごとに話し合いながら各自解釈しても構わない。また、中学生を対象とした授業内容だが、例えば家計状況を加える、家族の状況を変化させるなど、より課題解決が困難なものにアレンジをして使用することも可能となっている。

（2）　授業設計

	○ねらい　・学習活動 → 予想される反応	・評価及び指導上の留意点　●評価
第1〜6時	例 ○住居の基本的な機能を知ろう　・家がなかったら…　・住まいの役割 ○快適な室内環境をつくろう　・騒音チェック　・効果的な換気方法 ○安全な住まいを考えよう　・シニア体験　・住まいの危険箇所	
第7時	導入 　・間取り図、鳥瞰図の説明前回までの活動内容の振り返り、今回のロールプレイング **本時の学習目標と本時の流れの提示**［10分］ 　・エキスパート活動のグループへの説明。	・学習目標と流れを黒板に提示する ・グループ分けの方法を提示
本時	展開 **【エキスパート活動　20分】** 　・役割を班ごとに話し合いながら課題解決策を考える。 　・モデル家族の特徴を読み取り、それぞれの家の中での活動内容を考える。 　・それぞれの立場で、間取り図・鳥瞰図の家（玄関、台所、リビング、各部屋、洗面所、風呂場、トイレ、ベランダ、家具等）を点検し、このままでいいところと危険箇所、その理由を挙げる。 　・危険箇所に関する改善策や快適になるための工夫を考える。	・モデル住まいの間取り図・鳥瞰図を提示

	○学習活動 →予想される反応	・評価及び指導上の留意点 ●評価
第7時	例 →A 祖母…布団ではなくベッドなのはよい。祖父の部屋に2階があるがリビングやトイレ、お風呂が近い部屋にする。 　　　階段の手すりをつける。トイレやお風呂に手すりをつける。 →B 父母…リビングや寝室の家具の固定をする。観葉植物の位置を変える。父の書斎を作る。対面キッチンにする。リビングとダイニング続くような間取りにする。 →C 中学生…祖母の部屋と太郎の部屋を交換し、洗濯物を干すときに部屋に入られないようにする。防音のため厚手のカーテンに付け替える。カーペットを敷く。予算があれば防音室にする。 →D 幼児…台所、風呂場、トイレ、ドアが開けたままで危ない。風呂の水は捨てておく。太郎・母それぞれの部屋のベッドと窓が近いため外に落ちてしまう可能性がある。寝室将来のために自分の部屋があるといい。 【ジグソー活動　20分】 ・元の家族で集まり、それぞれが考えた危険箇所と改善案を発表し合う ・全員の意見をまとめ、優先順位を考えて、実現可能な内容をその家族のリフォーム計画としてワークシートに記入する。	●【工夫・創造C(2)イ】 　それぞれの立場において、室内環境について課題を見つけ、安全で快適な整え方や住まい方について考え、工夫している。 ・工事費用例を示す バリアフリー工事200万円～ 防音工事250万～ 部屋の分割100万円～ 一部分改修30万円～ カーテン購入1万円
	【クロストーク活動　40分】 ・家族の誰のどんな希望を実現し、どんな工夫をしたのか発表する。 ・なぜそのプランにしたのか、理由も発表する。 **本時のまとめ[10分]** 本時の学習を振り返って、学んだことや考えたことをワークシートに記入する。 →家族の希望を考えると、それぞれの立場で必要なものが異なることが分かった。自分の家族でも実践したい。 →自分の家も、もし幼児や高齢者がいたら危険な箇所がいっぱいあると思ったし、災害時には家族全員にとって危ないと思った。点検してみたい。	・各班の計画の要点を黒板に掲示する ●家族全員が安全で快適に住まうための工夫を具体的に考えられたか、ワークシートや発表で観察する。

（3）　授業実践の様子

　この授業では、家族の住まいに対する思いと間取り図や鳥瞰図とを結び付けて考えられるかがポイントとなる。間取り図や鳥瞰図を読み取る際に、この家の中で家族がどのように生活をするのか、どんな行動をするか想像できるかどうかによって解決策が異なっていた。事前に高齢者や幼児の身体についての学習や体験学習としてシニア体験や幼児の視野の体験をしていたことで家族の思いをよりリアルに感じられたようである。その他、間取り図や鳥瞰図では直接読み取れない箇所についても、棚の固定や配置の工夫などの提案もあり、これまでの学習内容を生かすことができていた。大規模なリフォームを行うかについては、「家族がもっと話し合ってから行うべき」など班によっては慎重な意見も見られ、クロストークでの班の発表は解決方法の多様性が感じられた。

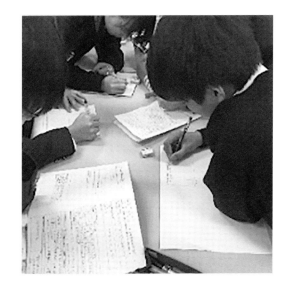

　今回の住まいについての学習から、家族との関わり方や家事分担、間取り図や鳥瞰図から考える生活しやすい動線、ライフステージに応じた住まい方の工夫など様々なテーマへ広がる可能性が見えた。住生活に関する学習に生徒がより関心を高め、生活に生かされることを期待したい。

（齋藤和可子）

3 ロールプレイング【快適に住まう ～家族全員が安全で快適に住まう工夫を考えよう～】

1．次の家族 (○○さん一家) 全員が安全で快適に住まう工夫を考えよう

○○さん一家の紹介

おばあちゃん	趣味はゲートボールだったが、足腰が弱くなり最近は家にいることが増えた。歩くときはつえをついている。(70代)
お父さん	仕事が忙しくあまり家にいないが、休日は静かに読書をするのが好き。家の地震対策は大丈夫か気にしている。(40代)
お母さん	パートをしているがそれ以外は家にいる。料理が趣味。もっと家族みんなで集まって、団欒したいと思っている。(40代)
太郎くん	反抗期？のためあまり家族と話をしなくなった。今は、音楽に没頭し、常に音楽を流している。ギターを練習中。(中学2年生)
妹さん	とーっても好奇心旺盛な3歳。家の中のかくれんぼとお手伝いが大好き。好きなところは高いところ。

<○○家の住まいの間取り図＞

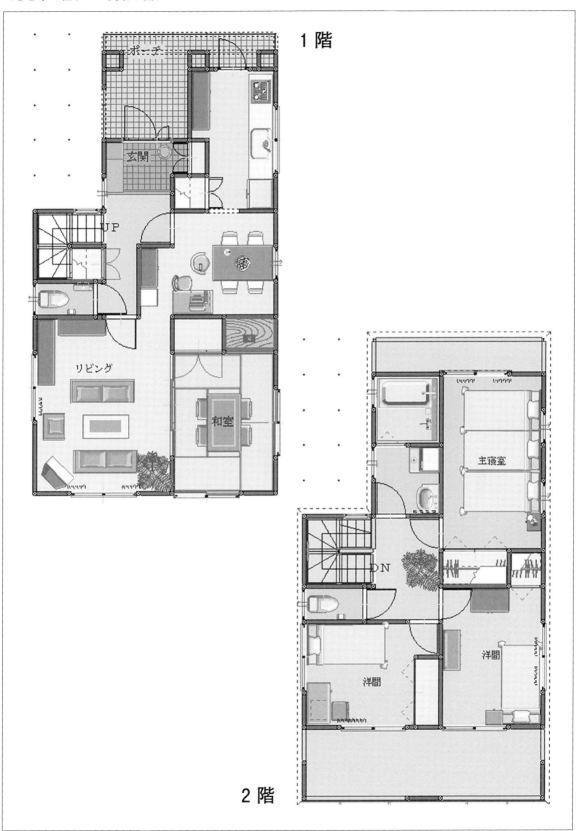

1 階

玄関

UP

リビング

和室

2 階

DN

主寝室

洋間

洋間

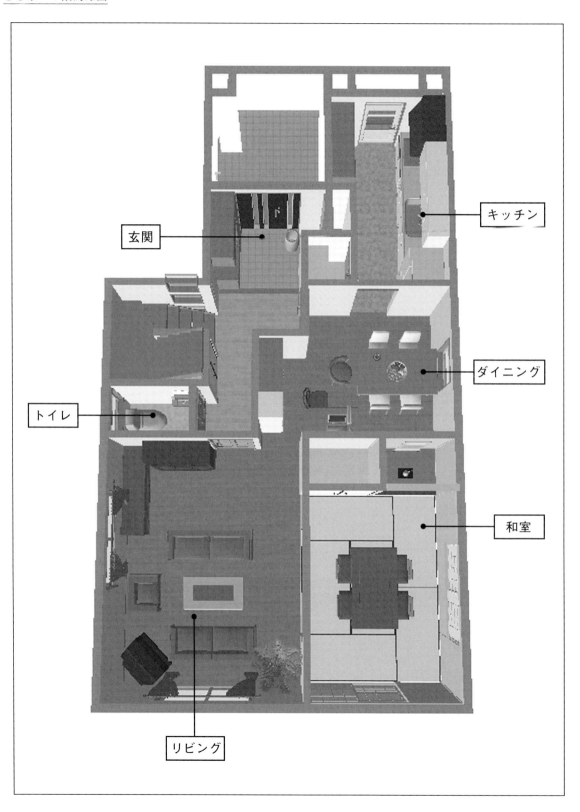

キッチン

玄関

ダイニング

トイレ

和室

リビング

○○家・2階鳥瞰図

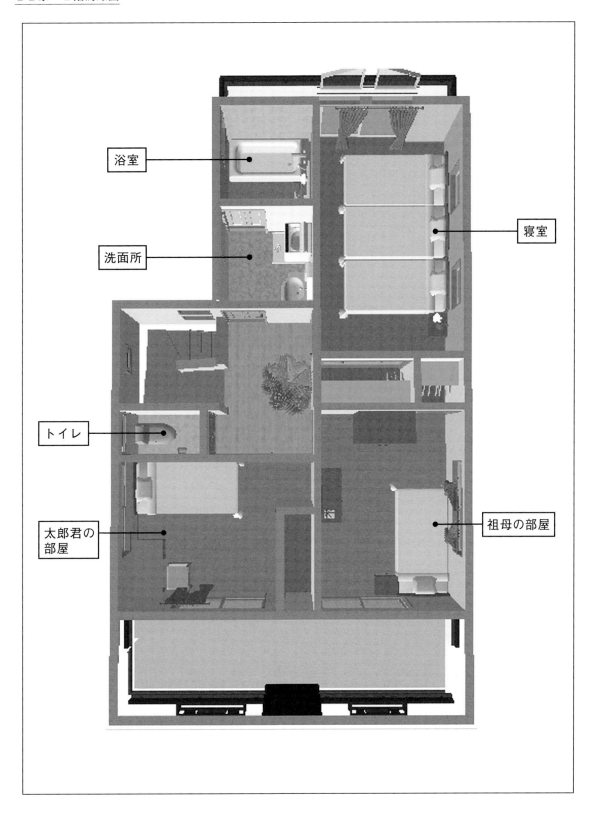

浴室

洗面所

寝室

トイレ

太郎君の
部屋

祖母の部屋

4　エキスパート活動

父母チーム：父母の立場で、安全で快適に住まう工夫を考えよう！

家のどこ	このままでよいところ	危険性・よくない状態　→　どうするか	必要なもの
<u>家族生活の空間</u> ・リビング ・ダイニング ・和室			
<u>家事作業の空間</u> ・台所 ・洗面所 ・ベランダ			
<u>個人生活の空間</u> ・寝室 ・個人の部屋			
<u>生理・衛生の空間</u> ・浴室 ・洗面所 ・トイレ			
<u>その他の空間</u> ・玄関 ・廊下 ・階段 ・収納			

4 エキスパート活動

太郎君チーム：太郎君の立場で、安全で快適に住まう工夫を考えよう！

家のどこ	このままでよいところ	危険性・よくない状態　→　どうするか	必要なもの
<u>家族生活の空間</u> ・リビング ・ダイニング ・和室			
<u>家事作業の空間</u> ・台所 ・洗面所 ・ベランダ			
<u>個人生活の空間</u> ・寝室 ・個人の部屋			
<u>生理・衛生の空間</u> ・浴室 ・洗面所 ・トイレ			
<u>その他の空間</u> ・玄関 ・廊下 ・階段 ・収納			

4 エキスパート活動

妹チーム：妹の立場で、安全で快適に住まう工夫を考えよう！

家のどこ	このままでよいところ	危険性・よくない状態 → どうするか	必要なもの
家族生活の空間 ・リビング ・ダイニング ・和室			
家事作業の空間 ・台所 ・洗面所 ・ベランダ			
個人生活の空間 ・寝室 ・個人の部屋			
生理・衛生の空間 ・浴室 ・洗面所 ・トイレ			
その他の空間 ・玄関 ・廊下 ・階段 ・収納			

4 エキスパート活動

祖母チーム：おばあさんの立場で、安全で快適に住まう工夫を考えよう！

家のどこ	どんな危険性・よくない状態 → どうするか	必要なもの
家族生活の空間 ・リビング ・ダイニング ・和室	座って行う仕事が中心だが, 職場内での移動や立った状態での作業・接客等, あるいは通勤・買い物・家事, 軽いスポーツ等のいずれかを含む場合	
家事作業の空間 ・台所 ・洗面所 ・ベランダ		
個人生活の空間 ・寝室 ・個人の部屋		
生理・衛生の空間 ・浴室 ・洗面所 ・トイレ		
その他の空間 ・玄関 ・廊下 ・階段 ・収納		

5 ジグソー活動

家族会議 家族全員が安全で快適に住まうための工夫を話し合おう！

1. それぞれの意見を発表し、まとめよう！　理由も簡潔に記入する。

家族	意見
お父さん お母さん	
太郎君	
妹さん	
おばあさん	

2. 結論をまとめよう！あなたの家族は、どんな工夫をするか？
   ＊なお大規模な工事が必要な場合は参考資料を見よう。

6 クロストーク　家族の中で代表者が発表する。

他の家族(グループ)の意見はどうだったか？よいところをまとめよう！

家族	発表内容

7 まとめ

「家族全員が安全で快適に住まう工夫」について分かったこと（感想も含む）

自 己 評 価	
快適に住まう工夫が考えられたか	5　・　4　・　3　・　2　・　1
安全に住まう工夫が考えられたか	5　・　4　・　3　・　2　・　1
家族が住まいに対して持つ希望を実現できたか	5　・　4　・　3　・　2　・　1
授業を通して自分の住まいをどのように工夫したらよいか考えられたか	5　・　4　・　3　・　2　・　1

参考資料
1　大規模な工事にかかる費用例

①	バリアフリー工事（段差をなくし、手すりをつける等）	200万円〜
②	防音室の工事（音漏れの少ない部屋にする）	250万円〜
③	部屋の分割　（1つの部屋を2つに分ける）	100万円〜
④	一部改修（1カ所だけ直す）	30万円〜

2　部屋に必要な物の購入費用

①	カーテン	5,000円〜
②	布	1,000円〜
③	転倒防止グッズ　　1カ所	3,000円〜
④	カラーボックス（小さな棚）	1,000円〜
⑤	幼児ケガ防止グッズ　1つ（柵、ストッパーなど）	1,000円〜

日常食の調理　—煮る調理のコツを探ろう—

扱う内容：日常食、加熱調理、調理のコツ、科学的根拠

1　授業開発の視点

　調理の学習では技能の習得とともに、科学的根拠となる調理理論（コツ）を学習することが求められる。中学校家庭科で扱う煮る調理では、授業時間数の制約から、さばのみそ煮など1品を題材に学習を進めることが多い。煮る調理は、魚や肉、野菜等の食材により異なる部分もあれば、共通する部分もある。日常食の調理につなげるには、他の料理にも応用可能なコツを学習することが求められる。そこで、本授業では、①煮る調理に関する複数のレシピを読み解く学習活動を通して、調理のコツを生徒自らが発見して理解すること、②発見したコツを調理実習で検証すること、③実習後の振り返りでは、実感として得た知識を煮る調理のコツとしてまとめ、日常生活において応用可能な知識として活用できるようになることを意図した。

2　本時の概要と授業設計

（1）本時の概要

　本授業は、調理実習を含めて全3時間構成である。煮る調理のコツとして、食材に応じた煮汁の量、材料を煮汁に入れるタイミング、煮る順番、臭みの抑制効果を取り上げる。実習題材は肉じゃが、さばのみそ煮、ひじきの煮物、かぼちゃの煮物である。調理実習では、いずれか指定された1品を担当して実習する。

　エキスパート資料として、実習題材のレシピに加えて、担当料理と類似した2つの料理のレシピを提示した。例えば、肉じゃがの班には、肉じゃが、豚の角煮、筑前煮のレシピを提示する。その理由は、担当料理のレシピのみを見るだけでは、その料理に特別な調理方法であるのか、他の料理にも共通の調理方法であるのかが判断できないからである。

　また、エキスパート資料では担当料理の調理のコツを、ワークシートでは4つの実習題材から煮る調理のコツを、それぞれ理解できるように二段構えの構成にした。煮る調理のコツを考える手がかりとして、ワークシートに、なべの種類、手順、煮る時間、火加減、材料のかき混ぜの可否、落としぶたの有無、水分率、調味料濃度、材料と煮汁の比率、鍋と煮汁の量の関係（図で示す）、主な具材、各料理の煮るコツを記入する欄を設定した。これらの情報を用いて、煮る調理のコツを考察できるように工夫した。

　授業の流れについて述べる。第1時は、1班5名の担当料理班（実習班）に分かれてエキスパート活動を通して、担当料理の調理のコツを発見する。その後、同じ担当料理班で集まり、煮る調理のコツをまとめて発表する。第2・3時は、調理実習と振り返りを行う。調理実習後、各担当料理班から1名ずつが集まってジグソー活動を行う。完成した料理は取り分け、実習題材の4品を試食しながら、煮る調理のコツは何か話し合う。クロストークとして、調理実習を通してわかった煮る調理のコツを全体で発表してまとめる。

（2） 授業設計

	段階	学習活動	主な発問や生徒の活動	指導上の留意点
第1時	【導入】全体10分	学習のねらいを確認する。	○これらの写真の共通点は何だろう。 ○コツを見つけて,煮る料理の達人を目指そう。	料理の写真を10枚程度,黒板に貼る。
	【展開】実習班(5人)15分	資料を用いて担当料理の調理のコツを話し合う。	○複数のレシピを見比べて,担当料理の調理のコツはどのような点かを話し合い,まとめよう。	・レシピとワークシートを配布する。理由を含めてホワイトボードにまとめる。
	2つの実習班(10人)15分	同じ担当料理の班で,情報を共有する。	○担当料理が同じ班で,煮る調理のコツについて話し合い,発表しよう。	・図や表を効果的に活用して発表を工夫させる。
	【まとめ】全体10分	実習の注意点を確認する。	○次回の調理実習での注意点を確認しよう。 ・持ち物 ・器具やコンロの使い方	
第2・3時	【導入】実習班10分	前回の学習の振り返りをする。	○前回話し合ったコツには何があっただろうか。 ・強火で煮ない ・コトコトじっくりと煮る ・落とし蓋をする	・身支度を確認する。
	【展開】全体50分	調理実習のねらいと留意点を確認する。	○調理実習のねらいを確認しよう。 　調理実習を通して,煮る調理のコツを確認する。 ○手順や留意点を確認しよう。 ・火と包丁の取り扱い ・衛生管理 ・他の担当料理班用に4つの皿に取り分ける ・作業時間の目安	
		調理実習を行う。	○調理実習を始めよう。	・学習した知識を意識して体験させ,実感を伴って理解させる。
	【まとめ】ジグソー班15分 クロストーク10分	煮る調理のコツを話し合う。	○各担当料理班から1名ずつ集まり,試食をしながら煮るコツを話し合おう。話し合いの結果を,ワークシートとホワイトボードにまとめよう。 ○全体で,調理実習を通してわかった煮るコツを発表しよう ・煮崩れを防ぐには,煮汁の量や材料の量に合った鍋を使う／まずたんぱく質を固める ・染み込ませるため,調味料は煮込む前に入れる ・加熱時間を考慮して,固いものから煮る	・体験を具体的な言葉を用いて整理させ,考察させる。
	実習班15分	片付けをする。	○片づけをしよう。終わった班から声をかけてください。	・片づけを指示する。

（3） 授業実践の様子

中学校第1学年79名を対象に、本授業を実践した。授業者は馬渕令さんである。第1時のエキスパート活動ではレシピを見比べて、班員と協力して調理のコツを発見しようとしていた。第3時の調理実習後のジグソー活動では、どんなコツを意識して調理したか、体験を具体的に説明したり、自分の担当料理との違いを意識して、煮る調理のコツについて話し合う姿が見られた。

授業実践前後の質問紙調査から、約9割の生徒が、担当以外の題材題材の調理のコツや煮る調理のコツを挙げることができた。また、授業実践後に煮る調理に対する興味関心や自信が有意に向上した。実習題材のうち1つを担当して調理実習をしたが、担当以外の実習題材は課題にするなど、指導を工夫する必要性が示唆された。

なお、本授業開発はコロナ禍前のものである。調理実習に関して感染症予防に努める必要がある。

（小清水貴子）

＿＿年　＿＿組　＿＿番　名前＿＿＿＿＿＿

自分が作った料理名を○で囲もう！

料理名	肉じゃが	さばのみそ煮	ひじきの煮物	かぼちゃの煮物	シチューの煮物
煮物の種類	炒め煮	煮つけ・煮しめ	炒め煮	含め煮	煮込み
材料（5人分）	豚肉こま切れ　250g じゃがいも　中5個(300g) にんじん　1本(75g) 玉ねぎ　1個(75g) サラダ油　大さじ1 水　200mL(200g) 酒　大さじ1(15g) 砂糖　大さじ2(18g) しょうゆ　大さじ3(54g)	さば　5切れ(400g) しょうが　15g ねぎ　200g 水　150mL(150g) 酒　大さじ5(75g) 砂糖　大さじ5(45g) みそ　大さじ5(90g)	乾燥芽ひじき　25g 水煮大豆　200g にんじん　30g 水　125mL(125g) 酒　大さじ1(15g) 砂糖　小さじ3(27g) しょうゆ　大さじ2(36g) ごま油　小さじ1	かぼちゃ　500g 水　200L(200g) みりん　大さじ2(36g) 砂糖　大さじ2(18g) しょうゆ　大さじ2(36g) 酒　大さじ2(30g)	豚肉こま切れ　250g ☆塩　2.5g ☆こしょう　少々 じゃがいも　5個(300g) にんじん　1本(75g) 玉ねぎ　1個(75g) バター　35g 小麦粉　35g 水　1000mL(1000g) 牛乳　250mL(250g) 固形コンソメ　1個 塩　5g こしょう　少々 サラダ油　大さじ1
作り方	1. じゃがいもは皮をむき、4つに切り水にさらす。 2. にんじんを乱切りに、玉ねぎを半月切りにする。 3. 鍋にサラダ油を熱し、肉を入れて強火でさっと炒める。肉の色が変わったらじゃがいも、にんじんを加えてさらに炒める。 4. 玉ねぎを入れ、水、砂糖、しょうゆを加え、ふっとうしたら弱火にしてあくを取り、5分間煮る。 5. 落としぶたをして、弱火で約15分間煮る。 6. 器に盛り付ける。	1. しょうがを薄切りに、ねぎを5cmに切る。 2. 鍋に、水、酒、砂糖、みそ、しょうがを入れ、火にかける。 3. ふっとうしたら火を弱め、皮を上にしてさばを5cmに切ったねぎを入れる。 4. 落としぶたをして約10分間煮る。 5. 器にさばを盛り付けて煮汁をかける。ねぎは手前に盛り付ける。	1. 乾燥芽ひじきは洗ってごみを取り除き、たっぷりの水に10〜15分つけて戻す。 2. 鍋にごま油を入れて熱し、ひじきと水煮大豆、にんじんを入れて中火で炒める。 3. 水、しょうゆ、砂糖、酒を混ぜて入れ、てかてかして、煮汁がなくなるまで煮る。 4. 器に盛り付ける。	1. かぼちゃは種とワタをとって、3〜4cm角に切る。 2. 鍋にかぼちゃの皮を下にして並べ、水、みりん、しょうゆ、砂糖、酒を入れ、落としぶたをして強火で煮る。 3. ふっとうしたら弱火にし、かぼちゃがやわらかくなったら火を止める。 4. 器に盛り付ける。	1. 材料を切る。肉に塩・こしょうをふる。 2. 鍋にサラダ油を熱し、中火で肉の表面の色が変わるまで炒める。 3. バターと玉ねぎ、じゃがいも、にんじんを加えながら、小麦粉をふりながらよく炒める。 4. 水と固形コンソメ、香辛料、塩を加え、中火で10〜15分間こときと混ぜながら煮込む。材料がやわらかくなったら牛乳を加え、弱火で5〜10分間煮込む。 5. 器に盛り付ける。

なべの種類	中深なべ	中深なべ	中深なべ	浅なべ	中深なべ
手順	炒める→調味液で加熱する	調味液で加熱する	炒める→調味液で加熱する	調味液で加熱する	炒める→調味液で加熱する
煮る時間	15～25分				
火加減	中火(炒める)→弱火(煮る)	——→(煮る)	(炒める)→(煮る)	(沸騰)→(煮る)	(炒める)→(煮る)
かき混ぜ	○				
落としぶた	×				
水分率	61.6%	39.8%	44.5%	36.9%	31.8%
調味料濃度	28.5%	37.5%	39.0%	58.3%	30.3%
材料：煮汁	1：1.6	1：0.6	1：0.8	1：0.6	1：0.4
煮汁の量（絵）					
主な具材	肉、野菜				
各料理の煮るコツ	・まずタンパク質を固める ・固いものから火を通す ・調味料は煮込む前に入れる ・弱火で煮る				

＜煮るコツ＞ 食材によって煮る方法はどのように違うだろうか。なぜそのような違いがあるのだろうか。

おいしい肉じゃがを作ろう！

年　　　組　　　番　　　班

【ねらい】

肉じゃが作りを通して、"煮る"調理のコツをつかむ。

【材料】(5人分)

豚肉こま切れ	250g	
じゃがいも	中5個(300g)	→皮をむき、4つに切り水にさらす。
にんじん	1本(75g)	→乱切りにする。
玉ねぎ	1個(75g)	→半月切りにする。
サラダ油	大さじ1	
水	２００mL(200ｇ)	
酒	大さじ1(15ｇ)	
砂糖	大さじ2(18ｇ)	
しょうゆ	大さじ3(54ｇ)	

・中深なべで油を熱してから
　いため始めよう。

・火から目を離さないように注
　意しよう。

【作り方】

① じゃがいもは皮をむき、4つに切り水にさらす。

② にんじんを乱切りに、玉ねぎを半月切りにする。

③ 鍋にサラダ油を熱し、肉を入れて強火でさっと炒める。
　　肉の色が変わったらじゃがいも、にんじんを加えてさらに炒める。

④ 玉ねぎを入れ、水、酒、砂糖、しょうゆを加える。
　　ふっとうしたら弱火にしてあくを取り、5分間煮る。

⑤ 落としぶたをして、弱火で約15分間煮る。

⑥ 器に盛り付ける。

<乱切り>

にんじんをねかせて左手で手前に回しながら、
向こう側をななめに切ります。

<半月切り>

玉ねぎを半分に切り、
表面が半月になった玉ねぎを等間かくに切ります。

肉じゃが班

＜豚の角煮＞

【材料】(5人分)

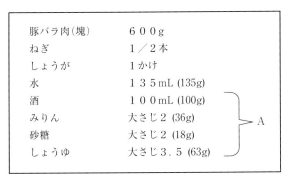

豚バラ肉(塊)	６００g	
ねぎ	１／２本	
しょうが	１かけ	
水	１３５mL (135g)	
酒	１００mL (100g)	⎫
みりん	大さじ２ (36g)	⎬ A
砂糖	大さじ２ (18g)	
しょうゆ	大さじ３.５ (63g)	⎭

【作り方】

① 豚バラ肉を4cm角に切る。フライパンを熱し、豚肉の表面を焼く。

② ふっとうした湯に焼いた肉、ねぎの青い部分、しょうがの皮をなべに入れ、2〜3分間ゆでる。

③ 新しいなべに水とA、②の豚肉、ねぎ、しょうがを一緒に入れ、ふっとうしたら落としぶたをする。

④ 弱火で約1時間、柔らかくなるまで煮る。

＜筑前煮＞

【材料】(5人分)

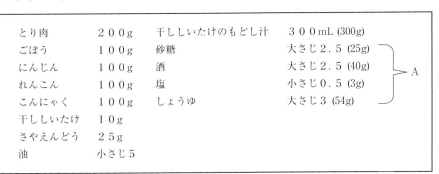

とり肉	２００g	干ししいたけのもどし汁	３００mL (300g)	
ごぼう	１００g	砂糖	大さじ２.５ (25g)	⎫
にんじん	１００g	酒	大さじ２.５ (40g)	⎬ A
れんこん	１００g	塩	小さじ０.５ (3g)	
こんにゃく	１００g	しょうゆ	大さじ３ (54g)	⎭
干ししいたけ	１０g			
さやえんどう	２５g			
油	小さじ５			

【作り方】

① 野菜を洗い、とり肉は一口大に切り、ごぼう・にんじん・れんこんは乱切りにし、しいたけはそぎ切りにする。こんにゃくはスプーンでひと口大にちぎる。

② れんこんとごぼうは水につけておく。

③ なべに油を熱し、さやえんどう以外の材料を入れて、中火で肉の色が変わるまでいためる。

④ なべに干ししいたけのもどし汁とAを一緒に入れて、汁気がなくなるまで弱火で煮る。

⑤ 器に盛りつけてから、ゆでておいたさやえんどうをちらす。

おいしいさばのみそ煮を作ろう！

【ねらい】

さばのみそ煮作りを通して、"煮る" 調理のコツをつかむ。

【材料】(5人分)

さば	5切れ (400g)
しょうが	１５ｇ　→薄切りにする。
ねぎ	２００ｇ →5cmに切る。
水	１５０ｍL (150ｇ)
酒	大さじ5 (75g)
砂糖	大さじ5 (45ｇ) A
みそ	大さじ5 (90g)

【作り方】

① しょうがを薄切りにする。ねぎを5cmに切る。

②鍋に、水、酒、砂糖、みそ、しょうがを入れ、火にかける。

③ふっとうしたら火を弱め、皮を上にしてさばとねぎを入れる。

④落としぶたをして約10分間煮る。

⑤器にさばを盛り付けて煮汁をかける。ねぎは手前に盛り付ける。

火から目を離さないように注意しよう。

さばのみそ煮班

＜かれいの煮つけ＞

【材料】(5人分)

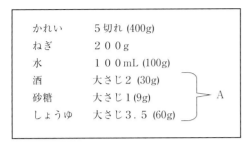

かれい	５切れ (400g)	
ねぎ	２００g	
水	１００mL (100g)	
酒	大さじ２ (30g)	A
砂糖	大さじ１ (9g)	
しょうゆ	大さじ３.５ (60g)	

【作り方】

① ねぎを５cmに切る。

② なべに水とAを一緒に入れて火にかける。

③ 煮汁がふっとうしたら火を弱め、皮を上にしてかれいとねぎを入れる。

④ 落しぶたをして弱火で約１０分間煮る。

＜きんめだいの煮つけ＞

【材料】(5人分)

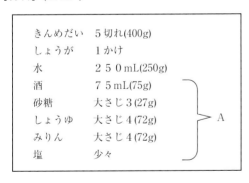

きんめだい	５切れ(400g)	
しょうが	１かけ	
水	２５０mL(250g)	
酒	７５mL(75g)	
砂糖	大さじ３(27g)	A
しょうゆ	大さじ４(72g)	
みりん	大さじ４(72g)	
塩	少々	

【作り方】

① なべにしょうがと水とAを一緒に入れて火にかける。

② 煮汁がふっとうしたら火を弱め、皮を上にしてきんめだいを入れる。

③ 落しぶたをして弱火で約１０分間煮る。

おいしいひじきの煮物を作ろう！

【ねらい】

ひじきの煮物作りを通して、"煮る"調理のコツをつかむ。

【材料】(5人分)

乾燥芽ひじき	２５g	→洗って砂やごみを取り除き、たっぷりの水に10～15分つけて戻す。
水煮大豆	２００g	
にんじん	３０g	→せん切りにする。
水	１２５mL(125g)	
酒	大さじ1(15g)	
砂糖	小さじ3(27g)	
しょうゆ	大さじ2(36g)	
ごま油	小さじ1	

【作り方】

① 乾燥芽ひじきは洗って砂やごみを取り除き、たっぷりの水に 10 ～ 15 分つけて戻す。
　　にんじんはせん切りにする。
② 鍋にごま油を入れて熱し、ひじきと水煮大豆、にんじんを入れて中火で炒める。
③ 水、しょうゆ、砂糖、酒を入れてかき混ぜ、煮汁がなくなるまで煮る。
④ 器に盛り付ける。

> 火から目を離さないように注意しよう。

＜乱切り＞

にんじんを４cmの長さに切ります。にんじんの切り口を下にして、幅2mmのうすさに切ります。
端から少しずつずらしながら、等間かくにうすく切ります。

(1)　４cmの長さに切る。

↓

(2)　切り口を下にして、幅2mmのうすさに切る。

↓

(3)　端から少しずつずらしながら、等間かくにうすく切る。

ひじきの煮物班

＜きんぴらごぼう＞

【材料】(5人分)

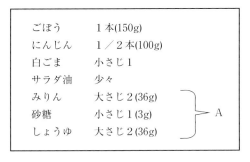

ごぼう	1本(150g)
にんじん	1／2本(100g)
白ごま	小さじ1
サラダ油	少々
みりん	大さじ2(36g)
砂糖	小さじ1(3g)
しょうゆ	大さじ2(36g)

A

【作り方】

① ごぼうは5cm長さの筒切りにしてから、縦に薄切りにする。薄切りしたものをずらしながら重ねて、端からマッチ棒くらいの細切りにする。切ったら水につけておく。

② にんじんもごぼうと同様にして切る。

③ ①のごぼうをざるに上げ、水気をきる。

④ なべにサラダ油を入れて熱し、ごぼうとにんじんを入れて中火でいためる。

⑤ ごぼうとにんじんのかさが減り、しんなりしたらAを加え、煮汁がなくなるまで煮る。

⑥ 仕上げに白ごまをふり入れ、ざっと混ぜ合わせる。

＜れんこんの炒め煮＞

【材料】(5人分)

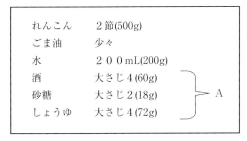

れんこん	2節(500g)
ごま油	少々
水	200mL(200g)
酒	大さじ4(60g)
砂糖	大さじ2(18g)
しょうゆ	大さじ4(72g)

A

【作り方】

① れんこんの皮をむき、5mm厚位に切ったら、水にさらす。

② なべにごま油を入れて熱し、れんこんを入れて中火でいためる。

③ 全体に油がまわったら、水とAを一緒に入れて時々混ぜ、煮汁がなくなるまで煮る。

おいしいかぼちゃの煮物を作ろう！

【ねらい】

かぼちゃの煮物作りを通して、"煮る"調理のコツをつかむ。

【材料】(5人分)

かぼちゃ	５００ｇ →種とワタをとって、３～４cm角に切る
水	２００ｍL (200ｇ)
みりん	大さじ２ (30g)
砂糖	大さじ２ (18g)
しょうゆ	大さじ２ (36g)
酒	大さじ２ (30g)

【作り方】

① かぼちゃは種とワタをとって、３～４cm角に切る。

② なべにかぼちゃの皮を下にして並べ、水、みりん、砂糖、しょうゆ、酒を入れ、落としぶたをして強火で煮る。

③ ふっとうしたら弱火にし、かぼちゃがやわらかくなったら火を止める。

④ 器に盛り付ける。

・かぼちゃを切る時は気をつけよう。
・火から目を離さないように注意しよう。

かぼちゃの煮物班

＜さといもの煮物＞

【材料】(5人分)

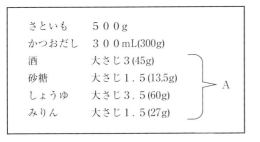

さといも	５００ｇ
かつおだし	３００mL(300g)
酒	大さじ３(45g)
砂糖	大さじ１.５(13.5g)
しょうゆ	大さじ３.５(60g)
みりん	大さじ１.５(27g)

(酒・砂糖・しょうゆ・みりん：A)

【作り方】

① さといもの皮をむき、水で洗う。

② なべに①のさといもを並べ、かつおだしとAを一緒に入れ、落としぶたをして強火で煮る。

③ 煮汁がふっとうしたら弱火にし、さといもがやわらかくなったら火を止める。

＜しいたけの煮物＞

【材料】(5人分)

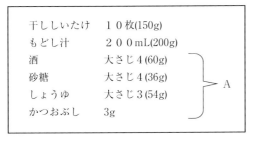

干ししいたけ	１０枚(150g)
もどし汁	２００mL(200g)
酒	大さじ４(60g)
砂糖	大さじ４(36g)
しょうゆ	大さじ３(54g)
かつおぶし	3g

(酒・砂糖・しょうゆ・かつおぶし：A)

【作り方】

① 干ししいたけはぬるま湯につけてやわらかくもどす。

② しいたけの軸を落とし、食べやすい大きさに切る。

③ なべにもどしたしいたけを並べ、もどし汁とAを一緒に入れ、強火で煮る。

④ 煮汁がふっとうしたら弱火にし、煮汁がなくなるまで煮る。

おわりに

　本書の「対話的で深い学びをつくる家庭科研究会」は、日本家庭科教育学会関東地区会の課題研究テーマ【家庭科における「主体的・対話的で深い学び」の実現に向けた授業改善】のメンバー募集に応募した 11 名で、2017 年 10 月に発足した。著書発行を目指して「ロールプレイングを導入した知識構成型ジグソー法」の教材開発を重ね、研究会発足から本書の発行までに研究会の開催は 40 回に及んだ。メンバーは高校教員、高校教員の経験がある大学教員で、研究会では、現在の家庭生活や社会が抱えた多くの問題の中からどんな題材を取り上げるか、ロールプレイングで登場する 4 人の役割とシナリオはどうするか、エキスパート資料に必要な情報と生徒が読み解くための問いはどうするか、毎回白熱した議論が飛び交い時間が経つのも忘れるくらい充実していた。そして、開発した教材を高校で授業実践し、高校生が夢中になって取り組んでくれる姿に感動し、一方で高校生からエキスパート資料の教材の不備を発見されることも多く、役割によるエキスパート資料の難易度の違いや読み取りに掛かる時間など実際に授業をしてみなければわからないことがたくさんあった。授業実践後には、メンバーで授業評価をして問題点を話し合い、問題点を解決するために、時には役割やシナリオから修正し、エキスパート資料は何度も改善を重ねた。

　研究会で開発した本書の第Ⅱ部「リスク管理」「子育て支援」「介護」「持続可能な消費」「共生社会」は、高校家庭科で扱う内容でこれからの社会を生きる子どもたちに問題発見・解決を考えてほしい題材を取り上げた。しかしながら、エキスパート資料の作成では、メンバーで様々な情報を収集して議論を交わし、メンバー自身が大変勉強になった。あらためて情報を読み解く力と協調的に問題解決をする力の必要性を認識する機会となった。子どもたちは社会に出ると様々な困難に直面し、氾濫する情報から自ら問題解決につながる情報を読み解き、判断力と実行力が必要である。これからの授業では、知識を教えるのではなく、問題発見・解決能力を育成するために学びの過程が重視されている。「ロールプレイングを導入した知識構成型ジグソー法」は、ロールプレイングで当事者となって問題を発見し、エキスパート活動では自らの力でエキスパート資料を読み解き、ジグソー活動で持ち寄った情報を活用して協調的に問題解決策を決定し、クロストークで解決策をクラス全体に発表することで別の解決策を再発見し、最後に自らの解決策を振り返ることで実生活へつながり、「主体的・対話的で深い学び」となる。今回、研究会メンバーで対話的で深い学びの実現に向けて教材開発を行ったが、あらためて授業づくりの楽しさと家庭科の可能性、そして授業改善の必要性を実感した。

　本書の発行には、多くの皆様のご協力をいただいた。この場を借りて心より感謝の意を表したい。「対話的で深い学びをつくる家庭科研究会」は、日本家庭科教育学会関東地区会の課題研究で結成され、2017 年～2019 年に研究助成を受けている。教材開発に当たり、高校生の生活意識に関する実態調査にご協力いただいた高等学校及び生徒の皆さんにお礼を申し上げる。また、授業実践に協力していただいた学校及び生徒の皆さん、家庭科教員の先生方に心より感謝したい。特に中央大学附属高等学校では多くの授業実践をお引き受けいただき、学校及び生徒の皆さんに厚くお礼を申し上げる。

　最後に著書発行の相談に快くお引き受けいただいた教育図書の森川健一氏、編集の労を取って下さった河井祐樹氏に心から感謝申し上げたい。

2021 年 2 月
対話的で深い学びをつくる家庭科研究会　代表
野中　美津枝

（所属は2021年2月現在）

「対話的で深い学びをつくる家庭科研究会」メンバー

┈┈┈┈┈ 執筆担当

野中　美津枝	茨城大学	第Ⅰ部、第Ⅱ部事例1〜事例5、第Ⅲ部事例1〜事例2
坪内　恭子	帝京科学大学（非）	第Ⅱ部事例1〜事例5
石引　公美	都留文科大学（非）	第Ⅱ部事例1〜事例5
神澤　志乃	麹町学園女子中学校高等学校	第Ⅱ部事例1〜事例5
小清水　貴子	静岡大学	第Ⅱ部事例1〜事例5、第Ⅲ部事例4
小林　久美	東京未来大学	第Ⅱ部事例1〜事例5
齋藤　美重子	川村学園女子大学	第Ⅱ部事例1〜事例5
齋藤　和可子	中央大学附属中学校高等学校	第Ⅱ部事例1〜事例5、第Ⅲ部事例3
新山　みつ枝	文教大学（非）	第Ⅱ部事例1〜事例5
村上　睦美	奈良教育大学	第Ⅱ部事例1〜事例5
吉野　淳子	埼玉県立越谷総合技術高等学校	第Ⅱ部事例1〜事例5

第Ⅲ部授業実践事例集における教材開発協力者

安原　侑希	茨城大学大学院教育学研究科（院生）	第Ⅲ部事例1
茨城県中学校技術・家庭科（家庭分野）中央地区授業研究会		第Ⅲ部事例2
馬渕　令	愛知県公立小学校教諭	第Ⅲ部事例4

ロールプレイングを導入した新しい家庭科授業

知識構成型ジグソー法の教材開発

2021 年 2 月 26 日　初版発行
2021 年 6 月 20 日　第 2 版発行

●**編著者**　対話的で深い学びをつくる家庭科研究会

●**発行者**　横谷　礎
●**発行所**　教育図書株式会社
　　　　　〒 101-0052　東京都千代田区神田小川町 3-3-2
　　　　　電話　03-3233-9100（代）
　　　　　FAX　03-3233-9104
　　　　　URL　https://www.kyoiku-tosho.co.jp/
●**本文デザイン**　株式会社新後閑
●**本文組版**　ボンズプランニング

ISBN978-4-87730-443-0 C3037